职业教育财经商贸类专业教学用书

国际贸易概论
（第四版）习题集

主　编　何民乐
副主编　李小可

华东师范大学出版社

前言（第四版）

QIANYAN

国际贸易概论是一门理论性很强的课程。为了让学习这门课程的学生能将所学知识融会贯通，熟练掌握国际贸易理论的相关内容，特编写了这本《国际贸易概论·习题集(第四版)》。

本书的每章内容均分为三个部分：第一部分"本章概要"简要介绍了每一章、节的主要内容及其在本课程架构中所处的地位；第二部分"本章学习要求提示"主要阐明各章的学习重点和学习要求；第三部分"同步练习"是与各章教学内容相关的各类习题，题型包括名词解释、填空题、判断改错题、选择题、连线题、简答题及案例分析。

在此次改版中，编者根据经济形势变化和最新的国际贸易政策与理论更新了部分内容。

本书由何民乐主编。参加编写的有：何民乐(第一、八章)，苏昌蕾(第二、五章)，李小可(第三、十一章)，赵东雪(第四章)，倪瑞娟(第六章)，龚影(第七章)，郭小青(第九、十章)。全书由何民乐统审并定稿。

本书在编写过程中参考了有关书刊和资料，在此对原作者致以诚挚的谢意。

由于编者水平有限，且时间较为仓促，书中难免有不当之处，敬请专家和读者批评指正。

何民乐
2020 年 1 月

目 录（第四版）

第一章　国际贸易引论　　1
　　一、本章概要　　1
　　二、本章学习要求提示　　1
　　三、同步练习　　2

第二章　国际分工　　7
　　一、本章概要　　7
　　二、本章学习要求提示　　7
　　三、同步练习　　7

第三章　世界市场　　15
　　一、本章概要　　15
　　二、本章学习要求提示　　15
　　三、同步练习　　15

第四章　地区经济一体化　　23
　　一、本章概要　　23
　　二、本章学习要求提示　　23
　　三、同步练习　　23

第五章　跨国公司　　30
　　一、本章概要　　30
　　二、本章学习要求提示　　30
　　三、同步练习　　30

第六章　国际贸易政策　　38
　　一、本章概要　　38
　　二、本章学习要求提示　　38

三、同步练习　　39

第七章　关税及非关税措施　　46

　　一、本章概要　　46
　　二、本章学习要求提示　　46
　　三、同步练习　　46

第八章　国际贸易协定和组织　　56

　　一、本章概要　　56
　　二、本章学习要求提示　　56
　　三、同步练习　　56

第九章　国际服务贸易　　63

　　一、本章概要　　63
　　二、本章学习要求提示　　63
　　三、同步练习　　64

第十章　国际技术贸易　　73

　　一、本章概要　　73
　　二、本章学习要求提示　　73
　　三、同步练习　　74

*第十一章　中国对外贸易　　82

　　一、本章概要　　82
　　二、本章学习要求提示　　82
　　三、同步练习　　83

第一章　国际贸易引论

一、本章概要

本章作为整个国际贸易概论课程的引论，主要介绍了国际贸易最基本的概念、知识和原理，并阐述了学习国际贸易理论的意义与方法，为学习整个国际贸易课程起铺垫作用。

第一节主要阐述国际贸易的产生与发展。国际贸易活动的产生才引发研究其行为的国际贸易理论的产生，而国际贸易理论又不同程度地推动了国际贸易的发展，两者是互相促进的。

第二节主要分析国际贸易的特点与作用。首先，从国际贸易与国内贸易的比较中引出国际贸易的特点，并由此揭示出从事国际贸易活动的艰难性及特殊要求。同时，在分析国际贸易的作用中，理解国际贸易在当代世界经济中的重要性。

第三节主要介绍国际贸易最基本的概念及分类。国际贸易的基本概念是帮助我们认识和理解国际贸易各种现象的基础，对于正确理解我国对外贸易的制度、政策也很有帮助，大家必须牢固掌握。国际贸易的分类只要一般了解即可。

第四节主要说明国际贸易理论课程的任务及学习这门课程的意义和方法。对其任务、学习意义的理解有助于提高学生学习国际贸易理论课程的自觉性和主动性。学习方法的掌握则有助于提高学习效率。

二、本章学习要求提示

（一）本章学习重点

1. 国际贸易产生和发展的基本条件。它可以帮助学生了解国际贸易产生、发展的规律，还能帮助其理解当代国际贸易变化发展的规律。这一内容的掌握可以通过对国际贸易产生、发展的历史过程的分析来完成。

2. 国际贸易的特点。它可以帮助学生理解从事国际贸易活动的难度，从而提高学习国际贸易知识的自觉性。

3. 国际贸易的基本概念。它可以帮助学生认识和解释国际贸易的各种现象。

（二）本章学习要求

1. 识记国际贸易与对外贸易、国际贸易额与对外贸易额、国际贸易量与对外贸易量、对外贸易差额、国际贸易和对外贸易的商品结构、国际贸易与对外贸易的地区分布、贸易条件等概念。

2. 领会国际贸易产生、发展的基本条件；领会国际贸易课程的任务、学习意义与方法。

3. 比较分析国际贸易的特点、国际贸易的作用与地位。

三、同步练习

（一）名词解释

1. 国际贸易与对外贸易

2. 国际贸易额与对外贸易额

3. 对外贸易差额

4. 国际贸易地区分布与对外贸易地区分布

5. 国际贸易商品结构与对外贸易商品结构

6. 国际贸易条件

7. 总贸易与专门贸易

8. 转口贸易

(二) 填空题

1. 国际贸易最早产生于_____。
2. 国际贸易迅速发展的时期是_____社会。
3. 当代国际贸易的基本特点之一是_____在国际贸易中的作用突出。
4. 国际贸易与国内贸易相比,具有_____、_____和_____的特点。
5. 国际贸易是_____的重要传递渠道,是处理_____的重要手段。
6. 反映一国对外贸易规模真实变化的称为_____。
7. 按统计标准,国际贸易可划分为_____和_____;按贸易客体的不同,国际贸易可划分为_____、_____和_____。
8. 国际贸易课程的任务是研究国际贸易的_____,揭示国际贸易发展过程中的_____。

（三）判断改错题（先判断对错，错误的加以改正）

( ) 1. 国际贸易是指货物由一国向另一国的移动。
改正：_____

( ) 2. 国际贸易就是货物在国与国之间的交换。
改正：_____

( ) 3. 国际贸易发展的主要原因是生产力的进步。
改正：_____

( ) 4. 国际贸易比国内贸易困难、复杂，但风险小。
改正：_____

( ) 5. 国际贸易是世界各国对外关系的核心。
改正：_____

( ) 6. 国际贸易有利于一国劳动生产率的提高。
改正：_____

( ) 7. 国际贸易顺差越大越好。
改正：_____

( ) 8. 出口价格指数高于进口价格指数说明该国贸易条件有利。
改正：_____

( ) 9. 学好国际贸易课程有助于搞好本国对外贸易。
改正：_____

（四）单选题

( ) 1. 国际贸易早期主要集中于_____。
A. 美国　　　　　　　　B. 日本
C. 北欧　　　　　　　　D. 地中海沿海国家

( ) 2. 国际贸易比国内贸易困难是因为两者_____。
A. 交易内容有别　　　　B. 交易过程曲折
C. 交易的目的不同　　　D. 交易环境相异

( ) 3. 世界各国以金额表示的在一定时期内出口贸易的总值叫作_____。
A. 国际贸易额　　　　　B. 国际贸易量
C. 对外贸易额　　　　　D. 对外贸易量

( ) 4. 一般而言，一国对外贸易商品结构比较有利的状态是_____。
A. 全进口初级产品　　　B. 全进口工业制成品
C. 工业品比初级产品进口多　D. 初级产品出口比工业品少

( ) 5. 出口价格指数与进口价格指数的比值大于1，表明_____。
A. 贸易条件有利　　　　B. 贸易条件不利
C. 出口价格低　　　　　D. 进口价格高

( ) 6. 凡从国内运出的外销商品，称为_____。

    A. 总出口   B. 专门出口
    C. 总进口   D. 专门进口

( ) 7. 商品生产国与消费国通过第三国进行的贸易叫作_____。
    A. 直接贸易   B. 间接贸易
    C. 转运贸易   D. 过境贸易

（五）简答题

1. 国际贸易的真正形成和发展是在什么时期？为什么？

2. 国际贸易在世界政治经济关系中处于什么地位？起什么作用？

3. 一国对于本国的对外贸易商品结构要注意什么问题？

4. 学习国际贸易的意义是什么?

(六) 连线题(用线将A、B两端相关选项连接起来)

A	B
1. 国际贸易额	1. international trade by region
2. 对外贸易差额	2. composition of international trade
3. 国际贸易商品结构	3. value of international trade
4. 国际贸易地区分布	4. terms of international trade
5. 国际贸易条件	5. balance of foreign trade
6. 专门贸易	6. transit trade
7. 转口贸易	7. special trade

(七) 案例分析

近年来,中美贸易摩擦不断,美国接二连三地对我国实行不正当贸易制裁。例如,美国曾经对我国输美的胸衣、长袍和针织品三大类纺织品设置新的配额,继而对我国向美出口的钢管征收高关税,后来又决定对我国多家彩电出口企业采取反倾销措施。之后,美国国会又以67票对33票通过强压我国人民币升值的议案。

分析:从中美贸易的角度观察,这些事实说明了什么?

第二章 国际分工

一、本章概要

国际分工是指世界上各国之间的劳动分工。劳动分工经历了自然分工、社会分工和国际分工等几个阶段。社会分工发展到一定阶段,国民经济内部分工超越国家界限向外发展,就产生了国际分工。国际分工是国际贸易发生、发展的基础,对国际贸易产生重要影响。本章主要介绍国际分工的形成、发展,国际分工理论,以及国际分工对国际贸易的影响等。

第一节主要介绍了国际分工的含义、类型,分析了国际分工的几个发展阶段。

第二节介绍了国际分工理论的代表人物亚当·斯密、大卫·李嘉图以及理论产生的背景,着重阐述了绝对利益理论、比较利益理论和要素禀赋理论。

第三节主要分析了影响国际分工的主要因素。

第四节首先介绍了国际分工新的发展趋势,然后分析了国际分工对国际贸易的影响。

二、本章学习要求提示

(一) 本章学习重点

1. 国际分工的类型。国际分工可以分为垂直型国际分工、水平型国际分工、混合型国际分工。在国际分工发展的各个阶段,其类型也在不断地发生着变化,从中可以看出国际分工的发展趋势。所以在学习时,必须掌握国际分工的各种类型是如何确定的。

2. 绝对利益理论、比较利益理论。绝对利益理论、比较利益理论是国际分工理论中最为基础的两个理论,通常在分析国际分工问题时都会用到这两个理论。所以在学习这两个理论时,要深入掌握它们的基本内容,做到能运用理论分析实际问题。

(二) 本章学习要求

1. 识记国际分工、垂直型国际分工、绝对利益、比较利益、要素密集度、对外贸易依存度等概念。

2. 领会国际分工的类型、要素禀赋理论、影响国际分工的因素等。

3. 分析绝对利益理论、比较利益理论、国际分工的发展阶段、国际分工对国际贸易的影响等。

三、同步练习

(一) 名词解释

1. 国际分工

2. 对外贸易依存度

3. 要素密集度

4. 绝对利益

5. 要素丰缺度

6. 混合型国际分工

(二) 填空题

1. 国际分工的类型有_____、_____和_____。
2. 各种生产要素供给,即_____,在各个国家是不同的。
3. 国际分工的类型将由_____向_____过渡。
4. 国际分工是指_____的劳动分工。
5. 进入国际分工形成阶段后,世界市场上交换的商品已由_____代替了_____。
6. 要素禀赋论是_____在_____的主要观点的基础上创立起来的。
7. 生产力的发展决定了国际分工的_____和_____。
8. 国际分工形成阶段的基本格局是以_____为中心的。
9. 水平型国际分工是经济发展水平_____的国家之间的分工。
10. 国际分工影响着国际贸易的_____、_____、_____和_____。
11. 当今国际分工已逐渐渗透到_____等非实物生产、流通领域。
12. 比较利益理论是在1815年英国政府修改并实行_____的大背景下产生的。
13. 第二次产业革命引起的资本主义生产的迅猛发展将国际分工带入_____阶段。
14. 根据要素禀赋理论,若一国资本丰裕、劳动力稀缺,就应该专门生产、出口_____密集型产品而进口_____密集型产品。
15. 国际分工的深入发展将使得世界的对外贸易依存度_____。

(三) 判断改错题(先判断对错,错误的加以改正)

( ) 1. 俄林认为只有要素禀赋的相对差异是国际分工的依据。
改正:_____

( ) 2. 机器大工业为国际分工的发展奠定了物质基础。
改正:_____

( ) 3. 绝对利益理论的代表人物是大卫·李嘉图,其代表作是《国富论》。
改正:_____

( ) 4. 宗主国与殖民地国家之间的分工属于垂直型分工。
改正:_____

( ) 5. 自然条件对国际分工的影响作用在日益加强。
改正:_____

( ) 6. 在国际分工形成阶段,广大亚非拉国家处于"世界工厂"的地位。

改正：_____

(　　) 7. 二战前国际分工的格局是以自然资源为基础的工业国与农业国、矿业国之间的国际分工。

改正：_____

(　　) 8. 国际分工形成于第二次世界大战之后。

改正：_____

(　　) 9. 大卫·李嘉图的比较利益理论为地主贵族提供了理论武器。

改正：_____

(　　) 10. 国际分工将逐步发展成为以现代化工业为基础的分工。

改正：_____

（四）单选题

(　　) 1. 国际分工形成和发展的根本因素是_____。
　　A. 社会生产力　　　　　　B. 资源禀赋
　　C. 国际生产关系　　　　　D. 自然条件

(　　) 2. 国际分工理论的创始者是_____。
　　A. 亚当·斯密　　　　　　B. 大卫·李嘉图
　　C. 赫克歇尔　　　　　　　D. 俄林

(　　) 3. 国际分工是下列哪种分工的一个发展阶段？
　　A. 劳动分工　　　　　　　B. 自然分工
　　C. 社会分工　　　　　　　D. 部门内部分工

(　　) 4. 提出按比较优势进行国际分工的西方经济学家是_____。
　　A. 亚当·斯密　　　　　　B. 大卫·李嘉图
　　C. 赫克歇尔　　　　　　　D. 俄林

(　　) 5. 下列哪一种分工不是垂直型分工？
　　A. 工业发达国家与农业国之间的分工
　　B. 生产劳动密集型产品的国家与生产资本技术密集型产品的国家之间的分工
　　C. 宗主国与殖民地国家之间的分工
　　D. 发达国家之间的分工

(　　) 6. 最早被称为"世界工厂"的国家是_____。
　　A. 美国　　B. 日本　　C. 英国　　D. 法国

(　　) 7. 假如A国使用同样的时间比B国生产更多汽车，那么A国在汽车生产上_____。
　　A. 有相对利益　　　　　　B. 有绝对利益
　　C. 相对有利　　　　　　　D. 绝对不利

(　　) 8. 发达国家之间的水平型国际分工最早出现在国际分工的_____。
　　A. 萌芽阶段　　　　　　　B. 形成阶段
　　C. 发展阶段　　　　　　　D. 深化阶段

( ) 9. 在国际分工发展阶段处于国际分工中心的是_____。
　　A. 英国　　　　　　　　　　B. 一组发达国家
　　C. 亚非拉国家　　　　　　　D. 美国

( ) 10. 下列哪本著作不是大卫·李嘉图所作？
　　A.《政治经济学及赋税原理》
　　B.《国民财富的性质和原因研究》
　　C.《金块价格高昂是银行券贬值的证明》
　　D.《黄金的价格》

（五）多选题

( ) 1. 要素禀赋论中提到,商品价格的决定要考虑_____。
　　A. 生产商品所需的各种生产要素的价格
　　B. 劳动力的丰裕度
　　C. 商品的要素密集度
　　D. 土地的价格

( ) 2. 机器大工业促进了国际分工的发展,主要体现在_____。
　　A. 开拓了国外市场　　　　　B. 促进现代化通讯发展
　　C. 促进了交通运输业的发展　D. 打破了各国闭关自守的生产格局

( ) 3. 在国际分工的深化阶段,参加国际分工的国家类型主要有_____。
　　A. 发达资本主义国家　　　　B. 发展中国家
　　C. 社会主义国家　　　　　　D. 殖民地国家

( ) 4. 甲国生产手表需5个劳动日,生产自行车需8个劳动日,乙国生产手表需11个劳动日,生产自行车需10个劳动日,根据比较利益理论,甲、乙两国应该_____。
　　A. 乙国生产和出口手表,甲国生产和出口自行车
　　B. 甲国生产和出口手表,乙国生产和出口自行车
　　C. 乙国进口手表,甲国进口自行车
　　D. 甲国进口手表,乙国进口自行车

( ) 5. 国际生产关系包括_____。
　　A. 生产资料所有制形式
　　B. 各国在国际分工中的地位
　　C. 各国在国际生产、交换、消费中的关系
　　D. 资源禀赋

（六）连线题（用线将A、B两端相关选项连接起来）

A	B
1. 国际分工	1. international division of labour
2.《国富论》	2. natural endowment
3. 自然禀赋	3. the theory of comparative advantage
4. 比较利益理论	4. *The wealth of nations*

(七) 简答题

1. 为什么说社会生产力是国际分工形成和发展的根本因素?

2. 简述绝对利益理论的内容。

3. 国际分工发展阶段的国际分工格局如何？其主要类型是哪一种？

4. 国际分工是怎样影响国际贸易的分布格局的?

(八) 案例分析

1. 以创新而闻名的苹果公司(Apple Inc.)的核心业务为电子科技产品,知名的产品有 AppleII、Macintosh 电脑、Macbook 笔记本电脑、iPod 音乐播放器、iTunes 商店、iMac 一体机、iPhone 手机和 iPad 平板电脑等。2018 年福布斯全球最具价值品牌榜上,苹果排名第 1。2018 年 8 月 2 日,苹果股价再创新高,成为全球首家市值破万亿美元的科技公司。

它的关键部件制造和供应分布在美国、中国、德国、爱尔兰、以色列、日本、韩国、马来西亚、荷兰、菲律宾、中国台湾、泰国和新加坡等国家和地区。以 iPhone 6S 为例,其供应商就有很多顶级企业(如下表所示)。

供 应 商	供 应 部 件
宸鸿(TPK)	3D Touch 的主要供应商,供应触摸感测器给液晶面板厂
臻鼎和旗胜(NOK100%持股子公司)	iPhone 6s 所需的大部分 FPC 软板
日本电产(Niden)	iPhone 6s 所需的震动马达
瑞声科技(AAC)	iPhone 6s 所需的声学、触控马达、无线射频及光学各分部最新微型技术解决方案的供应商
Japan Display	iPhone 显示屏
夏普(Sharp)	iPhone 显示屏
LG Display	iPhone 显示屏
安洁科技	背光模组配套产品
可成科技	iPhone 6s 的重要外壳提供商
歌尔声学	电声器件
共达电声	电声器件
立讯精密	金属结构件
长盈精密	金属结构件
依顿电子	PCB 板
环旭电子	无线通讯模组
水晶光电	间接供货苹果蓝玻璃 IRCF 产品
金龙机电	新型线性马达
华映科技	3D 玻璃保护贴
银禧科技	iPhone logo
信维通信	移动终端天线系统产品
德赛电池	苹果手机电池
欣旺达	iPhoneplus 电池

分析：苹果产品的生产分工属于哪种类型的国际分工？这种分工有什么特点？常见的国际分工种类有哪些？

2. 在资本主义自由竞争时期，由于形成了以英国为中心的国际分工体系，国际贸易得到了迅速发展。从贸易量来看，世界贸易年均增长率，从1780—1800年的0.27%增加到1860—1870年的5.53%。1913—1938年间，世界生产发展缓慢，国际分工处于停滞状态，国际贸易在这个时期年平均增长率只有0.7%。第二次世界大战后，国际分工又有了飞速的发展，并快于以前各个时期。1950—1991年，世界贸易年均增长率为11.3%。

从18世纪到19世纪末，英国一直处于国际分工中心国家的地位，它在世界对外贸易中一直独占鳌头。英国在资本主义世界对外贸易总额中所占比重1820年为18%，1870年上升到22%，随着其他国家在国际分工中地位的提高，英国地位在逐步下降，1925年英国在国际贸易总额中占15%。从19世纪末以来，发达资本主义国家成为国际分工的中心国家，它们在世界出口中所占比重1950年为60.8%，1985年为69.9%，1991年又上升到72.4%。

分析：国际分工对国际贸易有哪些影响？

第三章 世界市场

一、本章概要

世界市场是由国际分工和交换形成的,反过来又推动国际分工和国际贸易的发展,并对每一个参与国际分工的国家产生重要影响。本章主要介绍了世界市场的形成、发展、类型、特点等。

第一节主要介绍世界市场的含义、萌芽、发展、形成及世界市场常见的分类方式。

第二节介绍当代世界市场的构成,主要包括有形的国际商品市场和无形的国际商品市场两种形式。

第三节介绍世界主要的区域市场的含义、分布及特点,世界主要商品市场的表现、变化因素和发展前景。

二、本章学习要求提示

(一) 本章学习重点

1. 与世界市场相关的概念、知识。
2. 世界市场的形成规律;机器大生产、产业革命、第二次科技革命对统一的世界市场最终形成的巨大经济影响;世界市场形成的标志:多边贸易支付体系的形成和统一的世界货币体系(国际金本位制度)的形成。

(二) 本章学习要求

1. 识记世界市场的含义、世界市场的不同分类、有形市场中的现货交易和期货交易、无形市场中的商品购销、代理、包销、寄售、补偿贸易、加工贸易、租赁、招标和投标等概念性的知识。
2. 领会世界区域市场的共同特点、世界市场形成的标志、当代世界市场的主要特征等。

三、同步练习

(一) 名词解释

1. 世界市场

2. 现货交易

3. 商品购销

4. 代理

5. 包销

6. 加工贸易

7. 租赁

（二）填空题

1. 世界市场是世界各国_____和_____交换的领域，它由各个贸易国家的市场构成。
2. _____年世界上第一条铁路建成，从此铁路逐渐代替了驿道。
3. 各国或地区之间在世界市场上的经济贸易联系，往往是通过特定类型的_____和_____来实现的。
4. 有形的国际商品市场，是指在固定场所按照事先规定的_____和_____进行商品交易的市场。
5. 世界市场按照不同类型的国家划分，可分为_____、_____和_____。
6. 商品交易所是一种典型的具有_____的市场。它是在指定的固定地点、规定的时间内，按照_____，由_____进行_____的专业市场。
7. 现货交易的特点是进行实际商品的买卖活动，合同的执行是以_____、_____来进行的。
8. 期货交易是一种按照_____达成交易后，_____进行交割的交易。
9. 博览会是一种定期在规定的地点，在规定的期限内举办的有众多国家、厂商参加的_____的国际市场。
10. 国际博览会有_____和_____两种。
11. 中国上海在2010年举办了主题为_____的综合性世界博览会。
12. 按委托人授权的大小，代理可分为_____、_____和_____。

（三）判断改错题（先判断对错，错误的加以改正）

（　　）1. 世界市场是世界各国交换商品的场所。
改正：_____

（　　）2. 世界市场形成的标志是多边贸易支付体系的形成。
改正：_____

（　　）3. 国际博览会就是综合性博览会。
改正：_____

（　　）4. 补偿贸易的基本原则是：设备、技术价款要用现汇支付。
改正：_____

（　　）5. 加工贸易包括来料加工、来件装配、进料加工。

（　　）6. 世界区域市场就是单个国家市场的组合。

改正：_____

（　　）7. 有形的国际商品市场主要包括商品交易所、拍卖、集市、博览会、展销会和包销等。

改正：_____

（　　）8. 在商品交易所里交易商品，需要根据规定的品级或样品进行交易，买卖时需要出示和验看商品，成交是在交易所制定的标准合同的基础上进行的。

改正：_____

（　　）9. 1851年第一次世界博览会在美国纽约举行。现在世界上有数百个城市举行不定期或定期的国际博览会。

改正：_____

（　　）10. 总代理人在指定地区是委托人的全权代表。独家代理是指在约定地区享有指定商品的专营权利的代理人。一般代理是指有专营权利的代理。

改正：_____

（　　）11. 在寄售贸易方式下，代理人与寄售人之间是买卖关系，不是代售委托关系。

改正：_____

（　　）12. 1999年在中国昆明举办的世界园艺博览会是综合性的博览会。

改正：_____

（四）单选题

（　　）1. _____作为世界货币的国际金本位制度，使得多边贸易支付体系顺利发挥其作用。
　　　　　　A. 黄金　　　　B. 美元　　　　C. 英镑　　　　D. 欧元

（　　）2. 世界上真正意义上的商品交易所是创办于1848年的_____交易所。
　　　　　　A. 英国伦敦　　B. 美国华盛顿　C. 美国芝加哥　D. 法国巴黎

（　　）3. 在拍卖交易中，买卖双方的交易通过_____来进行。
　　　　　　A. 交易所　　　B. 展览会　　　C. 拍卖行　　　D. 代理行

（　　）4. 1851年，第一届世界博览会在_____举行。
　　　　　　A. 伦敦　　　　B. 巴黎　　　　C. 法兰克福　　D. 米兰

（　　）5. 补偿贸易可以分成_____。
　　　　　　A. 回购、互购和其他形式的补偿　　B. 购销和回购
　　　　　　C. 互购　　　　　　　　　　　　　D. 购销和互购

（　　）6. 买方利用对方提供的设备、技术工艺等开发生产出来的产品偿还进口设备等贷款的叫_____。
　　　　　　A. 返销　　　　B. 购销　　　　C. 互购　　　　D. 租赁

（　　）7. 买方不是用进口设备、技术等开发生产的直接产品，而是用双方商定的其他产品或劳务来支付进口货款，这种把一种交易分为两种互有联系的交易叫_____。
　　　　　　A. 返销　　　　B. 互购　　　　C. 购销　　　　D. 租赁

(　　) 8. 进料加工是指_____自己进口原辅料进行加工,成品销往国外,进料加工又称以进养出。
    A. 出口方   B. 买方
    C. 卖方   D. 加工方

(　　) 9. 世界市场形成和发展的根本原因是_____。
    A. 产业革命   B. 第三次科技革命
    C. 资本主义生产方式占统治地位   D. 社会生产力和国际分工的发展

(　　) 10. 世界市场是以_____为主要内容的经济交往活动的总和。
    A. 资金交流   B. 技术交流
    C. 信息交流和劳务输出   D. 商品流通

(五) 多选题

(　　) 1. 投标的具体过程包括_____。
    A. 招标   B. 投标   C. 开标   D. 签约

(　　) 2. 世界区域市场有_____等。
    A. 自由贸易区   B. 关税同盟
    C. 共同市场   D. 完全的经济同盟

(　　) 3. 以地理概念来划分的世界上较为成型的主要区域市场有_____。
    A. 西欧市场、北美市场
    B. 亚太市场、大洋洲市场
    C. 拉美区域市场、中东区域市场
    D. 非洲区域市场、东欧及独联体市场

(六) 连线题(用线将A、B两端相关选项连接起来)

A	B
1. 补偿贸易的特点	1. 贸易与信贷相结合
2. 米兰博览会	2. 专业性博览会
3. 广州博览会	3. 综合性博览会

(七) 简答题

1. 纯粹的商品购销的基本原则是什么?

2. 简述补偿贸易的分类及含义。

3. 简述目前世界主要商品市场的种类。

4. 简述世界主要区域市场的共同特点。

5. 简述近期(2010年后)影响国际商品市场变化的主要因素。

6. 原油价格联盟成员国之间裂缝扩大的主要原因是什么?

(八) 案例分析

1. 自 1993 年我国再次成为原油进口国以来,我国原油进口量节节攀升,2009 年原油进口量达到 2.038 亿吨,我国的石油需求越来越依赖于对国外原油的进口。2003 年美国对伊拉克战争头 10 天,国际原油价格从每桶 25 美元上升为每桶 31 美元,我国为此每天损失 1,000 多万美元。近几年来,国际原油价格更是不断攀升,截至 2010 年 12 月每桶价格已经超过 90 美元。

分析:结合材料,谈谈我国该如何应对石油安全。

2. 中国是世界上历史悠久的文明古国之一,对人类社会的进步与发展作出了许多重大贡献。在陶瓷技术与艺术上所取得的成就,尤其具有特殊重要意义。在中国,制陶技艺的产生可追溯到公元前 4500 年至前 2500 年的时期,可以说,中华民族发展史中的一个重要组成部分是陶瓷发展史,中国人在科学技术上的成果以及对美的追求与塑造,在许多方面都是通过陶瓷制作来体现的,并在各时代形成典型的技术与艺术特征。

从初创于商代到真正创制于东汉时期的中国瓷器,是中国对于世界文明史的又一重要贡献。唐代瓷器的制作技术和艺术创作已达到高度成熟;宋代制瓷业蓬勃发展,名窑涌现;明清时代从制坯、装饰、施釉到烧成,技术上又都超过前代。我国的陶瓷业至今仍兴盛不衰,其中比较著名的陶瓷产区有江西景德镇、湖南醴陵、广东石湾和枫溪、江苏宜兴、河北唐山和邯郸、山东淄博等。

然而,现在国内上档次的百货商店都能见到来自英国、意大利、日本的瓷器,外国日用瓷跑到我们家门口来争夺消费者了。

而在国外市场,美国大百货商店里出售的瓷器一般都是欧洲或美国本土的产品。美国人喜欢的品牌有 Royal Doulton 和 Wedgwood。Royal Doulton 的设计特点是玫瑰花形加金边,显得美轮美奂。Wedgwood 也以精细著名,它的蓝花图案设计据说是从中国景德镇学去的。

美国最大的百货公司——梅西的第八层是瓷器部。这里的瓷器来自世界各地,有英国、法国、意大利的舶来品,也有美国本土烧制的。日用瓷多数走精细之路,西餐具、茶具烧制得十分精美,拿在手中细看,简直找不到一丝缺陷,当然价格也不菲。但在这里竟然找不到一只来自瓷器之乡中国的产品。

分析:具有几千年历史的中国瓷器却在欧美市场上难觅踪影,中国瓷器如何才能进入世界市场?

第四章 地区经济一体化

一、本章概要

地区经济一体化从二十世纪中期形成并逐渐发展后,已经成为现代国际贸易领域中的一个重要现象,并对国际贸易产生着日益重要的影响。本章主要介绍经济一体化的产生、发展及其类型,分析其理论,并解析经济一体化对国际贸易的影响。

第一节介绍了地区经济一体化的概念,重点讲述了按照贸易壁垒的取消程度和经济联系的紧密程度,对地区经济一体化进行的分类。

第二节介绍了地区经济一体化的理论,主要指关税同盟理论。关税同盟的静态经济效应在于贸易转移和贸易创造所取得的实际效果。关税同盟除了上述静态效应外,还会产生一些动态的影响。

第三节介绍了地区经济一体化的实践。二战后地区经济一体化的发展历程经历了迅速发展时期、停滞时期、高涨时期。主要的地区经济一体化组织有:欧洲联盟、北美自由贸易区、亚太经济合作组织,另外还简单介绍了其他的一些经济组织。

第四节讲述地区经济一体化对国际贸易的影响。

二、本章学习要求提示

(一) 本章学习重点

1. 按照贸易壁垒的取消程度和经济联系的紧密程度对地区经济一体化划分的类型及其特点。

2. 地区经济一体化的理论,主要指关税同盟理论及其贸易转移和贸易创造的经济效应。学习这些经济效应对于理解地区经济一体化的影响有重要作用,为后面的内容打下了坚实的基础。

(二) 本章学习要求

1. 识记地区经济一体化的概念,贸易转移和贸易创造的概念。
2. 领会按照贸易壁垒的取消程度和经济联系的紧密程度对地区经济一体化类型的划分,关税同盟理论的静态经济效应在于贸易转移和贸易创造所取得的实际效果。
3. 分析地区经济一体化对国际贸易的影响。
4. 了解地区经济一体化在二战后的发展历程,主要的地区经济一体化组织的相关内容。

三、同步练习

(一) 名词解释

1. 地区经济一体化

2. 共同市场

3. 经济同盟

4. 贸易转移

5. 贸易创造

（二）填空题

1. 按照贸易壁垒的取消程度和经济联系的紧密程度，地区经济一体化可分为_____、_____、_____、_____和_____等几种形式。

2. 按照实现经济一体化的范围划分，地区经济一体化分为_____和_____等几种形式。

3. 按照参加国的经济发展水平划分，地区经济一体化分为_____和_____等几种形式。

4. 自由贸易区在成员国之间废除关税与数量限制，使区域内各成员国的_____可以完全自由流动，但每个成员国仍保持其对非成员国的贸易壁垒。

5. 贸易转移效应包括_____损失和_____损失。

6. 关税同盟的效果取决于_____和_____谁占优势。

7. 欧洲联盟的前身是_____。它是根据_____、_____、_____、_____、_____和_____六国于1957年3月签订的_____（通称《罗马条约》），于1958年1月1日正式成立的。

8. 1991年12月，欧共体12国首脑在荷兰马斯特里赫特举行会议并达成协议，签署了欧洲经济与货币联盟条约和政治联盟条约，通称_____，决定最迟于1999年1月1日起建成_____，实行单一货币。

9. 1995年11月，第七届部长级会议第三次非正式首脑会议通过了《大阪宣言》和《行动议程》，把_____和_____作为APEC的两大支柱。

10. 北美自由贸易区包括_____、_____和_____等国家。

（三）判断改错题（先判断对错，错误的加以改正）

（   ）1. 贸易转移总能降低福利水平。
改正：_____

（   ）2. 贸易创造总能提高福利水平。
改正：_____

（   ）3. 地区经济一体化组织对成员国总是有利的，对于非成员国也不会造成损失。
改正：_____

（   ）4. 在自由贸易区内，生产要素可自由流动。
改正：_____

（   ）5. 欧洲共同体的性质是关税同盟。
改正：_____

（   ）6. 欧洲货币经济联盟处在一体化的最高阶段。
改正：_____

（   ）7. 按照参加国的经济发展水平划分，欧洲联盟属于垂直一体化。
改正：_____

（   ）8. 按照参加国的经济发展水平划分，亚太经济合作组织属于垂直一体化。
改正：_____

( ) 9. 北美自由贸易区是目前世界上最大的自由贸易区。
    改正：_____

( ) 10. 中国是东盟自由贸易区成员国。
    改正：_____

（四）单选题

( ) 1. 地区经济一体化中最低级、最松散的形式是_____。
    A. 自由贸易区　B. 关税同盟　　C. 共同市场　　D. 优惠贸易安排

( ) 2. 开始带有超国家性质的地区经济一体化是_____。
    A. 自由贸易区　B. 关税同盟　　C. 共同市场　　D. 经济同盟

( ) 3. 目前世界上一体化程度最高的经济一体化组织是_____。
    A. 欧洲联盟　　　　　　　　B. 亚太经济合作组织
    C. 北美自由贸易区　　　　　D. 东南亚国家联盟

( ) 4. 欧洲联盟现在为_____。
    A. 自由贸易区　B. 关税同盟　　C. 共同市场　　D. 经济同盟

( ) 5. 亚太经济合作组织现在为_____。
    A. 自由贸易区　B. 关税同盟　　C. 共同市场　　D. 经济同盟

( ) 6. 北美自由贸易区现在为_____。
    A. 自由贸易区　B. 关税同盟　　C. 共同市场　　D. 经济同盟

( ) 7. _____年,欧共体建成关税同盟,对内取消关税,对外统一关税。
    A. 1958　　　B. 1968　　　C. 1985　　　D. 1999

( ) 8. 1993年11月,在美国前总统克林顿的建议下,亚太经合组织在_____召开了第一次非正式首脑会议,从此亚太经合组织的存在明显地表现出来。
    A. 东京　　　B. 纽约　　　C. 伦敦　　　D. 西雅图

（五）多选题

( ) 1. 按照实现经济一体化的范围划分,地区经济一体化分为_____。
    A. 部门一体化　B. 全盘一体化　C. 水平一体化　D. 垂直一体化

( ) 2. 按照参加国的经济发展水平划分,地区经济一体化分为_____。
    A. 部门一体化　B. 全盘一体化　C. 水平一体化　D. 垂直一体化

( ) 3. 关税同盟的效应为_____。
    A. 贸易创造　　B. 贸易转移　　C. 竞争　　　　D. 规模经济

( ) 4. 欧洲共同体的共同农业政策的基本内容是_____。
    A. 制定欧洲共同体农产品统一价格　B. 对进口农产品征收差价税
    C. 对农产品出口给予补贴　　　　　D. 建立欧洲农业指导的保证基金

( ) 5. 1991年11月,亚太经合组织第三届部长级会议在韩国首都首尔(原名"汉城")通过了《汉城宣言》,正式确立该组织的宗旨与目标是_____。
    A. 相互依存　　　　　　　　B. 共同利益
    C. 坚持开放的多边贸易体制　D. 减少区域贸易壁垒

(　　) 6. 东盟10个对话伙伴国包括_____。
　　　　A. 澳大利亚　　B. 加拿大　　C. 日本　　D. 英国

（六）连线题（用线将A、B两端相关选项连接起来）

A	B
1. 英联邦特惠制	1. 优惠贸易安排
2. 北美自由贸易区	2. 自由贸易区
3. 亚太经济合作组织	3. 关税同盟
4. 欧洲联盟	4. 共同市场
5. 欧洲自由贸易联盟	5. 经济同盟
6. 欧洲经济共同体(70年代)	6. 完全经济一体化
7. 欧洲经济共同体(60年代)	

（七）简答题

1. 地区经济一体化理论的主要内容是什么？

2. 欧洲联盟的目标和内容是什么？

3. 亚太经济合作组织的目标和内容是什么？

4. 地区经济一体化对国际贸易有哪些影响?

(八) 案例分析

1. 困扰英国以及全球经济的不确定性因素——英国脱欧迎来了重大突破。近日,英国下议院议员以 330 票赞成、231 票反对的结果通过了英国首相鲍里斯·约翰逊去年与欧盟达成的脱欧协议法案。如无意外,在英国上议院通过并由英国女王伊丽莎白二世签署后,将正式成为法律,而这也就意味着英国将在 2020 年 1 月 31 日正式退出欧盟,结束与欧盟长达 46 年的"亲密关系"。然而,脱欧协议法案得到通过,并不意味着英国脱欧这场"大戏"落幕。在 1 月 31 日后,英国将开启与欧盟之间为期 11 个月的脱欧过渡期,英国与欧盟之间的另一场"拉锯战"将正式上演。

(来源:2020 年 1 月 20 日 中国金融新闻网)

分析:结合案例,谈谈你对英国"退欧"的看法。

2. 2019年11月,历时7年的RCEP谈判取得重大进展,15个成员国结束全部文本谈判及实质上所有市场准入谈判。尽管印度此次因"有重要问题尚未得到解决"而暂时没有加入协定,但15个成员国达成一致仍标志着世界上人口数量最多、成员结构最多元、发展潜力最大的东亚自贸区建设取得重大突破,凸显多边主义与自由贸易仍是世界主流。当今世界面临保护主义抬头、贸易形势紧张等挑战,发展中国家积极践行一体化建设,为支持全球自由贸易发挥积极作用。

(来源:2019年12月31日 中国金融新闻网)

分析:结合案例,谈谈你对东亚自贸区建设的看法。

第五章 跨国公司

一、本章概要

跨国公司是十九世纪中期形成后逐渐在世界经济中发挥重要作用的一支力量。要认识国际贸易及其变化,离不开对跨国公司的了解。本章主要介绍跨国公司及其对国际贸易的作用。

第一节主要介绍了跨国公司的定义和构成。分析了跨国公司的起源和发展,以及推动跨国公司迅猛发展的主要因素。

第二节介绍了跨国公司理论的发展。着重阐述了垄断优势理论、产品生命周期理论、内部化理论和国际生产折衷理论。

第三节主要分析了跨国公司的经营特点。着重介绍了全球化经营战略、内部贸易、综合型多样化经营等特点的含义。

第四节从对国际经济贸易的影响、对母国国际经济贸易的影响、对东道国国际经济贸易的影响三个方面分析了跨国公司对国际贸易的影响。

二、本章学习要求提示

(一) 本章学习重点

1. 跨国公司的经营特点。跨国公司的经营特点决定了跨国公司已成为影响世界经济发展的重要因素。跨国公司的经营特点中有着其他企业所不具备的特点,如全球化经营战略、内部贸易、综合型多样化经营。必须掌握跨国公司独特的经营特点。

2. 产品生命周期理论、国际生产折衷理论。产品生命周期理论、国际生产折衷理论是跨国公司理论中较为基础的两个理论。所以,在学习这两个理论时要深入掌握它们的基本内容,达到能运用理论分析问题的程度。

(二) 本章学习要求

1. 识记跨国公司、内部化、所有权优势、区位优势、全球化经营战略、内部贸易等概念。
2. 领会促进跨国公司发展的因素、垄断优势理论、内部化理论、跨国公司经营特点等。
3. 分析跨国公司构成的基本要素、产品生命周期理论、国际生产折衷理论、跨国公司对国际贸易的影响等。

三、同步练习

(一) 名词解释

1. 跨国公司

2. 所有权优势

3. 产品生命周期

4. 内部化

5. 全球化经营战略

(二) 填空题

1. 跨国公司理论主要有_____、_____、

_____和_____。

2. 跨国公司的来源国称为_____，子公司所在国称为_____。
3. 目前跨国公司的经营特点主要有实行全球化经营战略、内部贸易发展迅速、_____、_____和_____。
4. 内部化理论认为,影响中间产品市场的交易成本的主要因素是_____、_____、_____和_____。
5. 跨国公司对国际经济贸易的促进作用主要表现在:促进国际贸易的增长、_____、_____及_____。
6. 跨国公司的内部贸易是指跨国公司的_____、_____之间的贸易。
7. 邓宁认为,当企业只拥有_____、_____时,最好采用许可证方式将其优势转让给国外企业。
8. 跨国公司是以_____为基地,通过_____形式,在_____国家建立子公司或分支机构,从事_____生产或经营的企业。
9. 19世纪60年代,发达资本主义国家的_____大量增加,一些大型企业开始了跨国性经营。
10. 跨国公司中的各个实体分享资源、信息,这里的"实体"既指_____,又指_____。
11. 产品生命周期理论把产品生命周期分为_____、_____、_____和_____四个阶段。
12. 跨国公司又可称为_____、_____或_____。
13. 联合国跨国公司委员会在_____中提出了跨国公司必备的三要素。
14. 国际生产折衷理论是由英国经济学家_____提出的。
15. 跨国公司把_____当作获得技术优势的重中之重加以考虑。

(三) 判断改错题(先判断对错,错误的加以改正)

( ) 1. 全球化经营战略的目标是追求整体利益的最大化,同时兼顾局部利益。
改正:_____

( ) 2. 跨国公司发展于第二次世界大战之前。
改正:_____

( ) 3. 跨国公司能够促进东道国的技术进步。
改正:_____

( ) 4. 内部化理论属于早期跨国公司理论。
改正:_____

( ) 5. 跨国银行的发展为跨国公司的发展奠定了基础。
改正:_____

( ) 6. 跨国公司联盟只可能是大跨国公司相互结盟,不可能由一家大跨国公司和一批中小跨国公司组成。
改正:_____

(   ) 7. 跨国公司的子公司资产所有权由母公司控制。
        改正：_____

(   ) 8. 目前跨国公司侧重于用价格手段争夺市场。
        改正：_____

(   ) 9. 子公司是在母国建立的公司。
        改正：_____

(   ) 10. 垄断优势理论是由弗农提出的。
        改正：_____

（四）单选题

(   ) 1. 在结合以往跨国公司理论基础上提出的理论是_____。
        A. 垄断优势理论　　　　　　　B. 内部化理论
        C. 国际生产折衷理论　　　　　D. 产品生命周期理论

(   ) 2. 下列哪个要素不是跨国公司必须具备的要素？
        A. 在两个或两个以上国家经营业务
        B. 有一个中央决策体系，具有共同的政策和统一的全球战略目标
        C. 跨国公司中的各个实体分享资源、信息，共同承担责任
        D. 子公司的资产所有权由母公司控制

(   ) 3. 在产品生命周期的哪个阶段可能会产生跨国公司？
        A. 创新阶段　　B. 成熟阶段　　C. 标准化阶段　　D. 衰退阶段

(   ) 4. 邓宁认为当企业具有下列哪几种优势时可以决定对外直接投资？
        A. 所有权优势、内部化优势、区位优势都具有
        B. 只有所有权优势和内部化优势
        C. 只有所有权优势和区位优势
        D. 只有内部化优势和区位优势

(   ) 5. 推行综合型多样化经营无法做到_____。
        A. 分散风险，增强企业的灵活性
        B. 提高各种生产要素和副产品的利用率
        C. 增加技术优势
        D. 增强企业的经济实力

(   ) 6. 下列表达正确的是_____。
        A. 跨国公司只有一个中央决策体系
        B. 跨国公司的各个子公司经营的是同一业务
        C. 子公司不承担跨国公司的有关责任
        D. 跨国公司各分支机构分别以所在国为基地进行生产经营

(   ) 7. 下列不属于跨国公司经营特点的是_____。
        A. 实行全球化经营战略　　　　B. 外部贸易发展迅速
        C. 推行综合型多样化经营　　　D. 拥有全面的技术优势

(   ) 8. 下列哪个因素不是促进跨国公司迅猛发展的因素？

　　　　A. 生产国际化的推动　　　　B. 跨国银行的发展
　　　　C. 国内市场的扩展　　　　　D. 投资环境的日益宽松
（　　）9. 美国第一家以全球市场为目标的跨国公司是_____。
　　　　A. 胜家缝纫机公司　　　　　B. 诺贝尔公司
　　　　C. 拜耳化学公司　　　　　　D. 雀巢公司
（　　）10. 联合国跨国公司委员会认为，跨国银行至少要在_____个国家和地区设有分行或附属机构。
　　　　A. 2　　　　B. 3　　　　C. 4　　　　D. 5

（五）多选题

（　　）1. 早期阶段的跨国公司理论有_____。
　　　　A. 垄断优势理论　　　　　　B. 内部化理论
　　　　C. 国际生产折衷理论　　　　D. 产品生命周期理论
（　　）2. 弗农认为跨国公司存在于产品的_____。
　　　　A. 创新阶段　　B. 成熟阶段　　C. 标准化阶段　　D. 衰退阶段
（　　）3. 下列属于非价格手段的是_____。
　　　　A. 提高产品质量　　　　　　B. 降低生产成本
　　　　C. 提供分期付款优惠　　　　D. 加强广告宣传
（　　）4. 跨国公司对母国国际经济贸易的积极影响有_____。
　　　　A. 绕过贸易壁垒　　　　　　B. 减少国内的就业机会
　　　　C. 逃避母国税收　　　　　　D. 增加国际贸易渠道
（　　）5. 下列哪些是跨国公司对东道国国际经济贸易的消极影响？
　　　　A. 削弱母国在技术上的优势　B. 对东道国的经济控制
　　　　C. 补充东道国进口资金短缺　D. 牺牲东道国子公司的利益

（六）连线题（用线将A、B两端相关选项连接起来）

A	B
1. 多国公司	1. cosmo-corporation
2. 宇宙公司	2. multi-national corporation
3. 国际公司	3. transnational corporation
4. 跨国公司	4. international enterprise

（七）简答题

1. 跨国公司综合型多样化经营的含义是什么？它能为跨国公司带来哪些好处？

2. 简述垄断优势理论。

3. 企业如何实行全球化经营战略?

4. 跨国公司对母国国际经济贸易有哪些积极和消极影响?

(八) 案例分析

1. 美国通用汽车公司(GM)是全球最大的汽车公司之一,该公司成立于1908年,自1931年起成为全球汽车业的领导者。在《财富》杂志评选的世界500强中,通用汽车公司经常在排行榜之首或前几名。通用汽车公司已在全球32个国家建立了汽车制造业务,其汽车产品销往世界各地。

建立跨国战略联盟是通用汽车公司经营战略的重要组成部分。通用汽车公司的全球战略合作伙伴包括意大利菲亚特汽车公司、日本富士重工株式会社、五十铃汽车株式会社以及铃木汽车株式会社,合作内容涉及产品、联合采购等。同时,通用汽车公司是韩国通用大宇汽车科技公司最大的股东。此外,通用汽车公司还与德国的宝马汽车公司和日本的本田汽车公司开展科技协作,与日本的丰田汽车公司、五十铃汽车株式会社和中国的上海汽车工业(集团)总公司、俄罗斯的AVTOVAZ汽车公司及法国的雷诺汽车公司共同研发生产汽车。

通用汽车公司通过与世界上实力雄厚的汽车公司建立跨国战略联盟,做到了强强联合,优势互补,因而使其进一步降低了成本和风险,加快了新产品的生产和上市速度,更加了解竞争对手甚至能削弱竞争对手的力量。跨国战略联盟,为通用汽车公司提供了长期的竞争优势。

分析: 上述通用汽车公司的举措主要反映了跨国公司的哪个经营特点?这一特点可以为跨国公司带来什么好处?跨国公司还有哪些经营特点?

2. 华为技术有限公司于1987年在中国深圳正式注册成立,注册资本2.1万元。现在,华为的产品和解决方案已经应用于全球170多个国家,服务全球运营商50强中的45家及全球1/3的人口。华为2018年全球销售收入7212亿元,获2018年第三十二届中国电子信息百强企业排名第1位。

华为塑造"狼性"与"做实"企业文化,以团结、奉献、学习、创新、获益与公平为特点。并独创了"全员持股"这项华为的激励制度。

华为大力开发海外市场。通过在海外设厂来减少物流等一系列成本。2001年加入了国际电信联盟(ITU)。注重技术研发国际化,在美国达拉斯、印度班加罗尔、瑞典斯德哥尔摩、俄罗斯莫斯科以及中国北京、上海等地建立了研究所。努力打破企业制度、文化和基因的天花板。注重售后服务,通过售后服务等方式留住目前既有的客户,增加顾客的后续购买力。2014年其销售收入接近2900亿元,70%来自海外。华为北美产品总监布鲁斯·范(Bruce Van)在新机P9的产品发布会上也表示,华为的海外销售额继续处于稳步上升的阶段。截至2016年3月份,华为的市场份额已成功增至16%。

请结合以上案例,分析跨国公司对母国国际经济贸易的积极影响。

第六章 国际贸易政策

一、本章概要

国际贸易政策是世界范围内各国对外贸易政策的总和,是世界经济活动中国与国之间经济贸易关系的基本原则的体现。

第一节主要介绍了国际贸易政策的含义、对外贸易政策的目的和构成,对外贸易政策的类型、制定与执行,并介绍了对外贸易政策的演变过程。

第二节介绍了自由贸易政策的兴起、自由贸易政策的形成和主要流派以及自由贸易政策的要点和后人对它的评价。

第三节介绍了保护贸易政策的形成过程及主要流派,介绍了超保护贸易政策的形成、特点,以及超保护贸易主义政策的代表人物。

第四节主要介绍了第二次世界大战后的贸易政策,包括贸易自由化、新贸易保护主义以及国际贸易新理论和新政策,分析了每一种贸易理论或政策的特点,介绍了相关的代表人物。

二、本章学习要求提示

(一) 本章学习重点

1. 国际贸易政策。国际贸易政策是世界各国发展对外贸易的重要手段。各国制定对外贸易政策的目的在于维护国家经济安全,具体表现为:保护本国市场;扩大本国产品和服务的出口市场;促进本国产业结构的改善;积累资本和资金;维护本国对外的经济和政治关系。所以必须了解其含义、目的及构成,掌握对外贸易政策的类型,了解政策的制定与执行。

2. 国际贸易政策的类型。国际贸易政策的类型主要有自由贸易政策和保护贸易政策。通过学习,应了解不同贸易政策在国际贸易中的表现,掌握自由贸易政策、保护贸易政策的概念、特点,了解国际贸易理论的主要流派。并知道一个国家在国际经济中的地位决定了这个国家实行何种贸易政策,居特殊地位的国家往往积极推行自由贸易政策,而其他国家则会实行保护贸易政策。

(二) 本章学习要求

1. 识记国际贸易政策、自由贸易政策、保护贸易政策、重商主义、超保护贸易政策、贸易自由化、新贸易保护主义等概念。

2. 领会对外贸易政策的构成和类型、自由贸易理论的要点、保护贸易理论的要点、超保护贸易政策的特点、贸易自由化的特点、新贸易保护主义的特点。

3. 分析每一贸易理论流派的要点,比较保护贸易政策与超保护贸易政策的区别,分析每一国家所处的竞争阶段,并根据已学的各种贸易政策,设想未来可能出现的贸易政策。

三、同步练习

(一) 名词解释

1. 自由贸易政策

2. 保护贸易政策

3. 产业内贸易

4. 战略性贸易政策

5. 管理贸易论

（二）填空题

1. 国际贸易政策是世界范围内各国对外贸易政策的_____，是世界经济活动中国与国之间_____关系的基本原则的体现。
2. 对外贸易政策包括_____政策和_____政策两种类型。
3. 重商主义是_____资本原始积累时期代表商业资本利益的一种经济思想和政策体系。
4. _____是英国古典政治经济学的主要奠基人之一，倡导自由贸易的先驱者。
5. 约翰·穆勒和阿弗里德·马歇尔是_____的主要代表人物，对比较优势理论作了重要的说明和补充。
6. 保护贸易理论的代表人物是美国的_____和德国的_____。
7. _____是李斯特保护幼稚工业论的理论依据。
8. 凯恩斯主义认为_____顺差和逆差与一国经济盛衰有着极大的关系。
9. 贸易自由化是指各国通过多边或双边的贸易条约和协定，_____，减少或撤销_____，使世界贸易较_____地进行，促进世界货物和服务的交换与生产。
10. 新贸易保护主义是相对历史上的_____和_____而言的。
11. 产业内贸易理论认为，当代国际贸易可以分为两大类：_____贸易和_____贸易。
12. 一个国家的竞争优势的发展分为_____、_____、_____和_____四个阶段。
13. 人力资本说是美国经济学家_____创立的。

（三）判断改错题（先判断对错，错误的加以改正）

（   ）1. 国际贸易政策是世界经济活动中，国与国之间政治关系的体现。
改正：_____

（   ）2. 各国制定对外贸易政策的目的在于维护国家经济安全。
改正：_____

（   ）3. 各国对外贸易政策主要是通过海关对进出口贸易进行管理。
改正：_____

（　　）4. 自由贸易政策是对货物的进出口进行限制。

改正：_____

（　　）5. 亚当·斯密是国际贸易理论的创始者。

改正：_____

（　　）6. 大卫·李嘉图的绝对优势理论是在亚当·斯密的相对优势理论的基础上发展起来的。

改正：_____

（　　）7. 自由贸易理论为自由贸易政策制造了舆论，成为论证自由贸易政策的有力武器。

改正：_____

（　　）8. 保护幼稚工业论是由李斯特提出的。

改正：_____

（　　）9. 超保护贸易不但保护幼稚工业，而且更多地保护国内不发达或衰落的垄断工业。

改正：_____

（　　）10. 新贸易保护主义是相对历史上的自由主义和贸易保护化而言的。

改正：_____

（　　）11. 战略性贸易理论的主要代表人物是美国哈佛大学教授迈克尔·波特。

改正：_____

（　　）12. 从一个国家的角度来分析，其竞争优势来源于两个基本因素和四个辅助因素。

改正：_____

（　　）13. 管理贸易论是适应发达国家既要遵循自由贸易原则，又要实行一定的贸易保护的现实需要而产生的。

改正：_____

（　　）14. 人力资本说用国家资本的差异来解释国际贸易产生的原因和一国开展国际贸易的模式。

改正：_____

（四）单选题

（　　）1. 早期重商主义被称为_____。
  A. 重金主义　　　　　　　B. 重银主义
  C. 重铜主义　　　　　　　D. 金银主义

（　　）2. 晚期重商主义理论的最主要代表人物是_____。
  A. 约翰·凯恩斯　　　　　B. 亚当·斯密
  C. 托马斯·孟　　　　　　D. 李斯特

（　　）3. 提出比较优势理论的古典经济学家是_____。
  A. 大卫·李嘉图　　　　　B. 俄林
  C. 亚当·斯密　　　　　　D. 赫克歇尔

( ) 4. 超保护贸易政策的主要代表人物是_____。
    A. 约翰·凯恩斯   B. 亚当·斯密
    C. 迈克尔·波特   D. 李斯特

（五）多选题

( ) 1. 对外贸易政策的构成是_____。
    A. 对外贸易总政策   B. 进出口货物与服务贸易政策
    C. 对外贸易国别政策   D. 对外贸易差别政策

( ) 2. 对外贸易政策的类型有_____。
    A. 自由贸易政策   B. 保护贸易政策
    C. 绝对利益政策   D. 相对利益政策

( ) 3. 重商主义分为_____。
    A. 早期重商主义   B. 中期重商主义
    C. 晚期重商主义   D. 中晚期重商主义

( ) 4. 亚当·斯密和大卫·李嘉图的自由贸易理论认为，通过自由贸易政策形成相互有利的国际分工，从而带来以下利益_____。
    A. 可以增进各国各专业的特殊生产技能
    B. 可以使生产要素得到最优化的配置
    C. 可以节省社会劳动时间
    D. 可以促进发明

( ) 5. 自由贸易理论的要点是_____。
    A. 扩大国民真实收入   B. 反对垄断
    C. 提高利润率   D. 形成国际分工

( ) 6. 保护贸易理论的具体内容包括_____。
    A. 保护的前提与目的   B. 保护的对象
    C. 保护的手段   D. 保护的措施

( ) 7. 贸易自由化主要表现为_____。
    A. 削减关税   B. 减少非关税壁垒
    C. 放宽外汇管制   D. 增加关税

( ) 8. 新贸易保护主义的特点有_____。
    A. 从单边保护转向多边贸易体系下的合法性保护
    B. 从促进出口的重点转向对进口保护的重新重视
    C. 从非关税措施的明显性保护转向隐蔽性保护
    D. 从单纯贸易政策转向经济、竞争政策

( ) 9. 国家竞争优势的发展分为_____。
    A. 要素推动阶段   B. 投资推动阶段
    C. 创新推动阶段   D. 财富推动阶段

（六）连线题（用线将A、B两端相关选项连接起来）

A	B
1. 李斯特	1. 保护幼稚工业论
2. 迈克尔·波特	2. 绝对优势理论
3. 亚当·斯密	3. 比较优势理论
4. 约翰·梅纳德·凯恩斯	4. 要素禀赋理论
5. 大卫·李嘉图	5. 乘数理论
6. 汉密尔顿	6. 国家竞争优势理论
7. 赫克歇尔—俄林模型	7. 保护贸易理论

（七）简答题

1. 什么是重商主义？早、晚期重商主义有什么不同？

2. 对外贸易政策的制定需要考虑哪些因素？

3. 自由贸易理论的要点是什么？

4. 什么是对外贸易乘数理论？

5. 国家竞争优势理论的主要观点是什么?

(八) 案例分析

1. **玩具国外售价 50 美元,加工费只有 2 美元**

一件产品在国外售价 50 美元,而投入大量劳动力、采用上百道工序对其进行制作的国内厂商,得到的加工费只有 2 美元,这就是目前中国玩具制造商的现状。据中国玩具协会的统计资料显示,目前中国加工出口的玩具占据了世界市场的 70% 以上,稳居全世界玩具出口额第一。尽管如此,出口企业所得的利润却相当有限,仅维持在 6%~8% 左右。

有一家外国品牌的公司在中国的生产基地每年要生产数万个该品牌的玩具,投入的劳动力达到 7000 人左右,有的产品要经过 500 多道加工工序,而平均每个玩具的加工费只有 2 美元左右。以该品牌玩具的一款为例,其国际市场售价为 50 美元,生产成本为 10 美元左右,除去销售成本,至少有 90% 的利润为国外品牌商和经销商所得,而具体进行生产加工的中国厂商获利不及其中的 10%。

缺少自己的品牌是中国玩具利润稀薄的原因。不少中国厂商仅仅是由外国公司先给一个样品,自己"依葫芦画瓢",复制出"返样",如果外商满意,就向中方下单,生产出的产品最终还要借"洋品牌"、"洋包装"出口,虽然售价基本上是出厂价的 10~20 倍,但是由于知识产权是别人的,90% 以上的利润只能落进外商的腰包。

(案例来源:陈先、张鸿编著《国际贸易——理论、政策、案例》,2004 年,上海财经大学出版社)

分析:(1) 为什么一个售价 50 美元的玩具,加工费只有 2 美元?

(2) 此案例给了我们什么样的启示?

2. 美国对华贸易保护主义的发展

2008年金融危机之后,美国对华的贸易保护主义势头日益加强。从普遍用于反映贸易保护主义程度的贸易救济措施来看,2006年,美国只对我国采取了4轮贸易救济措施;而2009年,美国则对我国采取了13轮贸易救济措施,包括2起反倾销调查、10起反倾销和反补贴合并调查(简称"双反"调查),1起特殊保障措施。2010年,由于美国经济整体走势比较良好,加之全球反对贸易保护主义的呼声日益高涨,美国对华贸易保护主义势头有所收敛,仅对我国实施了4轮贸易救济措施。2011年,随着美国经济增速再度下滑,美国对华贸易救济措施又有上升趋势,对华发起了6起"双反"调查。

长期以来,美国对华贸易保护主义针对的主要是我国依靠劳动力、土地等比较优势出口劳动密集型产品的民营企业。近年来这一趋势有明显的改变:国有企业和外资企业,甚至包括美资企业等逐渐成为美国对华贸易保护主义的主要对象。美国商务部自2008年以来最终裁定存在反倾销或反补贴行为的企业有33家。这33家企业中有1家是港资企业,1家美资企业,11家国有企业,20家民营企业。其中国有企业的比重呈明显上升趋势。

在保护范围上,近年来美国技术性贸易壁垒标准日益提高,内容日益复杂,对我国出口的商品特别是技术密集型商品的阻碍日益加强,并且美国政府在中美战略经济对话等常设机制中不断对我国的汇率、产业、知识产权保护等政策施加压力。同时,美国还积极研究"碳关税"等新的贸易壁垒形式,如果美国进口商进口了没有满足碳标准的产品,将对中国相关企业予以惩罚。

分析:美国对华贸易保护主义的动机何在?

第七章 关税及非关税措施

一、本章概要

尽管经过数轮关贸总协定的谈判,关税已不断降低,但关税至今仍然是一国保护本国市场的重要手段之一。非关税措施更是当今阻挠外国产品进入本国市场的有效工具。因此,认识现代国际贸易,必须了解关税和非关税措施。

第一节主要介绍了关税的起源、概念、特点及分类;阐述了关税的作用、关税水平和结构以及关税制度及其对国际贸易的影响。

第二节介绍了非关税措施的概念、特点(与关税相比较)、分类及其发展趋势;重点阐述了世界非关税壁垒的重要组成部分——技术性贸易壁垒;国家与企业如何应对名目繁多的非关税措施以发展本国的对外贸易。

二、本章学习要求提示

(一) 本章学习重点

1. 关税的含义、特点、作用及其分类。关税政策是国际贸易政策中最古老的也是当代各国最基本的政策。在学习时,首先应理解关税的含义、特点及关税对一国的作用。更为重要的是掌握各种关税分类,特别注意联系我国实际,分析反倾销税、反补贴税等对我国对外贸易产生的不利影响。

2. 非关税壁垒的分类。当前国际贸易中,非关税壁垒呈现出日益加强的趋势。技术性贸易壁垒更是成为其重要部分,很多国家通过制定技术标准来限制商品的进口。应理解与分析非关税壁垒对中国外贸产生的影响,以及该如何去应对各种不同的壁垒。

(二) 本章学习要求

1. 识记关税的定义、各类关税的含义、非关税壁垒的定义、各类非关税壁垒的含义等内容。

2. 领会关税的特点、作用、关税水平和结构、非关税壁垒的特点、发展趋势。

3. 分析反倾销税、技术性贸易壁垒对中国对外贸易的影响。了解如何应对非关税壁垒。

三、同步练习

(一) 名词解释

1. 进口附加税

2. 倾销

3. 普惠制

4. 绝对配额

5. 技术性贸易壁垒

6. 自动出口限制

7. 进口许可证制

（二）填空题

1. 关税是指国家以_____为基础，按照固定的税制，由_____向进出口商就经过一国关境的_____和劳务征收的一种税收。
2. 关税是由国家行政机关征收的税，具备税收的三个基本属性，即_____、_____、_____。
3. 关税的税制要素包括_____、_____、_____、_____、_____。
4. 按照征收对象或商品流向分类，关税可分为_____、_____、_____。
5. 倾销是指一国商品以_____的价格进行销售的行为。征收反倾销税的目的是为了_____，保护本国市场与产业。
6. 普惠制的主要原则是_____、_____、_____。
7. 关税水平是指一国或一产业部门中各种商品的_____。反映的是关税对一国或一产业部门的_____。主要计算方法有_____、_____。
8. 进出口货物的通关一般分为四个环节：_____、_____、_____、_____。
9. 非关税措施是指一国或地区采取的除关税以外的_____的政策措施。
10. 外汇管制的方法多种多样，可以分为：_____、_____、_____。
11. 技术性贸易壁垒的主要内容包括：_____、_____、_____。
12. 各国的进出口国家垄断主要集中在以下三类商品上：_____；_____；_____。
13. _____是国际贸易政策中最古老也是当代各国最基本、使用最普遍的对外贸易政策措施。

（三）判断改错题（先判断对错，错误的加以改正）

（　　）1. 欧洲近代关税制度最早诞生于1680—1791年的法国。

　　　　　　改正：_____

（　　）2. 关税也是一种税收，具备税收的基本属性，因此，与其他税一样，关税也由税务机关负责征收。
　　　　　　改正：_____

（　　）3. 进口附加税只向某个特定的国家或商品征收。
　　　　　　改正：_____

（　　）4. 以增加一国财政收入为主要目的而征收的财政关税，税率越高，财政收入就越多。
　　　　　　改正：_____

（　　）5. 关税水平可以反映一国关税平均税率的高低。
　　　　　　改正：_____

（　　）6. 制定和实施非关税措施限制进口比关税的制定更迅速、更简单。
　　　　　　改正：_____

（　　）7. 1981年，英国分配给我国皮手套出口到英国的配额为5万双，超过这一数额不准进口。这种配额称为国别配额。
　　　　　　改正：_____

（　　）8. 歧视性政府采购是一种直接限制进口商品数量的非关税措施。
　　　　　　改正：_____

（　　）9. 进口押金制又称进口存款制度，规定进口商必须按进口金额的一定比例，在规定时间内向指定银行存入一笔有息存款，然后才能进口。
　　　　　　改正：_____

（　　）10. 保护关税税率越高，其保护作用越强。
　　　　　　改正：_____

（　　）11. 采用从价税计征关税首先必须确定进口货物的完税价格。
　　　　　　改正：_____

（　　）12. 最惠国税和普通税的应税对象都是来自于与进口国签订有最惠国待遇条款的贸易协议的国家或地区的商品。
　　　　　　改正：_____

（　　）13. 非关税措施比关税措施更灵活、更直接，因此，一国如果要限制进口，采用非关税措施就可以，不需要再采取关税措施。
　　　　　　改正：_____

（　　）14. 任何输入本国的商品都要缴纳进口关税。
　　　　　　改正：_____

（　　）15. 进口附加税只能对个别国家的个别商品征收，不能对所有的商品征收。
　　　　　　改正：_____

（　　）16. 以增加财政收入为目的而征收的进口税，其税率越高越能达到限制进口的目的。
　　　　　　改正：_____

（　　）17. 最惠国关税是互惠的，普惠制关税是非互惠的。

改正：＿＿＿＿＿＿＿＿＿＿＿＿＿＿＿＿＿＿＿＿＿＿＿＿＿＿＿＿＿＿＿＿＿＿＿＿

（　　）18. 一般来说，关税措施只能间接起到限制进口的作用，而非关税措施可以起到直接限制进口的作用。

改正：＿＿＿＿＿＿＿＿＿＿＿＿＿＿＿＿＿＿＿＿＿＿＿＿＿＿＿＿＿＿＿＿＿＿＿＿

（　　）19. 超过关税配额的商品依然能够进口，但进口国对超过配额部分的进口商品要征收高额进口附加税或罚款。

改正：＿＿＿＿＿＿＿＿＿＿＿＿＿＿＿＿＿＿＿＿＿＿＿＿＿＿＿＿＿＿＿＿＿＿＿＿

（　　）20. 海关估价是一种非关税措施。

改正：＿＿＿＿＿＿＿＿＿＿＿＿＿＿＿＿＿＿＿＿＿＿＿＿＿＿＿＿＿＿＿＿＿＿＿＿

（四）单选题

（　　）1. 我国最早关于关税的记载是在＿＿＿＿＿＿＿＿。
  A. 唐朝　　　　B. 明朝　　　　C. 西周　　　　D. 清朝

（　　）2. 以下关于关税的表述错误的是＿＿＿＿＿＿＿＿。
  A. 关税是由海关向进出口商就经过一国关境的进出口商品和劳务征收的一种税收
  B. 关税具备税收的基本属性
  C. 关税的税收客体是进出口货物，主体是进出口商
  D. 欧洲最早关税出现在英国

（　　）3. 税收的基本属性不包括＿＿＿＿＿＿＿＿。
  A. 强制性　　　B. 固定性　　　C. 无偿性　　　D. 有偿性

（　　）4. 已经被世界贸易组织禁止使用的进口附加税是＿＿＿＿＿＿＿＿。
  A. 反补贴税　　B. 反倾销税　　C. 差价税　　　D. 特惠税

（　　）5. 优惠关税的类型不包括＿＿＿＿＿＿＿＿。
  A. 特惠税　　　B. 普遍优惠关税　C. 最惠国关税　D. 差价税

（　　）6. 以下哪一项不属于非关税措施的特点？
  A. 间接限制进口　　　　　　B. 直接限制进口
  C. 灵活性更大　　　　　　　D. 隐蔽性更强

（　　）7. 下列哪一项措施不是限制数量的非关税措施？
  A. 进口配额制　　　　　　　B. 自动出口限制
  C. 进口许可证制　　　　　　D. 国内税

（　　）8. 某国对大豆的进口规定：从美国进口的大豆超过10万吨后，禁止进口。这种大豆配额属于＿＿＿＿＿＿＿＿。
  A. 绝对配额的全球配额　　　B. 绝对配额的国别配额
  C. 全球性关税配额　　　　　D. 国别关税配额

（　　）9. 外汇管制的方法多种多样，以下哪一项不属于外汇管制？
  A. 数量性外汇管制　　　　　B. 成本性外汇管制
  C. 混合性外汇管制　　　　　D. 交叉性外汇管制

（　　）10. 非关税壁垒的发展趋势不包括＿＿＿＿＿＿＿＿。

    A. 非关税壁垒的项目更加繁杂
    B. 非关税壁垒措施适用商品的范围扩大
    C. 技术性贸易壁垒的作用加强、使用频率增多
    D. 逐渐完全取代关税的作用
( ) 11. 以下哪种税不属于进口附加税？
    A. 反补贴税 B. 反倾销税 C. 差价税 D. 特惠税
( ) 12. 以下哪一项不属于关税的作用？
    A. 维护国家主权和经济利益 B. 保护和促进本国生产的发展
    C. 降低本国商品价格   D. 筹集国家财政收入
( ) 13. 通关手续不包括以下哪一项？
    A. 申报 B. 交接 C. 查验 D. 放行

（五）连线题（用线将A、B两端相关选项连接起来）

A	B
1. 关税的特殊性	1. 进口税
2. 最惠国税	2. 技术性贸易壁垒
3. 以进口货物的价格作为计税标准	3. 进口许可证制
4. 商品的进口必须领取该国颁发的许可证	4. 由海关征收
5. 商品包装和标签的规定	5. 从价税

（六）简答题

1. 什么是关税？关税按照差别待遇和特定的实际情况可分为几类？

2. 从量税与从价税的优缺点分别是什么？

3. 关税有什么作用?

4. 什么是关税水平?如何计算?

5. 与关税措施相比,非关税措施有何特点?

6. 非关税壁垒呈现出日益加强的发展趋势,这一趋势主要表现在哪些方面?

7. 技术性贸易壁垒的主要内容是什么?

(七) 案例分析

1. 技术性贸易壁垒现在是阻碍我国出口产品进入欧、美、日等发达国家的首要非关税壁垒。以纺织品为例,绿色贸易壁垒对纤维生产、棉花种植和处理、产品加工以及制造等,都作出了明确的环保要求和规定,如织物盐碱度、染色牢度和特殊气味等。据不完全统计,我国此类产品不符合"绿色"要求的覆盖面大约在15%左右,影响出口近80亿美元。所针对的产品主要是我国具有较大竞争力的家用电器、纺织品、农产品和钢材等。例如,美国、加拿大自1998年开始先后对所有从中国进口货物的木质包装和木质铺垫材料提出严格的技术处理要求和认证要求,此举使我国出口产品包装成本增加了20%。

分析:我国应在哪些方面采取措施应对外国对我国施加的非关税壁垒,以更好地维护我国在国际贸易中的利益和地位?

2. 民营企业应对反倾销

温州打火机企业打赢欧盟反倾销第一案,标志着民营企业开始运用国际贸易规则保护自身利益。"企业遭遇国外反倾销官司不要怕,关键是要按照国际规则办事。"打赢欧盟打火机反倾销案的温州市烟具协会会长周大虎深有感触地说。

2003年9月13日,温州市烟具协会接到代理律师转来的欧盟正式终止对中国打火机反倾销调查的官方公报。这意味着历时一年多的中国打火机行业应对欧盟反倾销一案已取得彻底胜利。

■ 民营企业遭遇洋官司

温州是中国打火机主要生产基地,产品大都出口,年外贸销售量6亿只,占全球金属打火机市场总量的70%,其中三分之一出口欧盟。

2001年9月,欧盟对温州打火机启动技术壁垒的CR程序,规定2欧元以下的打火机要设置防止儿童开启的安全装置。2002年5月,欧盟又开始对中国出口欧盟的打火机进行反倾销立案调查。

2002年7月,温州烟具协会组织大虎打火机有限公司等打火机行业15家龙头企业积极应诉,并聘请了比利时和法国有经验的律师事务所,进行"产业无损害抗辩",另有两家企业——东方轻工实业公司和东方打火机厂提出"无倾销抗辩"(含申请市场经济地位)。

中方企业的抗辩理由是,温州出口欧盟的打火机与BIC等公司生产的打火机有着本质上的区别。前者是金属可充气打火机,后者是一次性塑料打火机,两者的材料、工艺、结构、档次和价位大相径庭,中方根本就不存在对欧洲打火机造成产业损害。而且,中国打火机产业均属民营企业,不存在政府补贴问题,构成低成本的主要因素之一是实行专业化生产、社会化协作。因此,其产品不属于"低于成本销售"的倾销范畴。

■ 民营企业应对洋官司

2002年9月至12月,欧盟官员多次来温州,对中方应诉企业的财务、销售、成本等所有账目进行了详细调查,最终对应诉企业提出的意见和事实予以理解和认可,表示将如实向欧盟报告。

2002年10月上旬,欧盟宣布给予包括温州"东方"等在内的5家中国打火机企业市场经济地位。这一重大成果为中国企业打赢这场"洋官司"打下了一定的基础。2003年7月17日,欧盟方面决定终止反倾销调查程序,无条件撤诉,中国打火机企业的应诉取得实质性胜诉。而欧盟官方发来的这一公报,则标志着这场官司的终结。

■ 民营企业打赢洋官司

对于此次的胜利,周大虎表示,这是中国加入世贸组织后,中国民营企业打赢欧盟反倾销的第一案。这标志着国内中小民营企业正在经历着从怕打洋官司、不懂打洋官司到运用国际贸易规则来从容应对国际贸易壁垒、保护自身利益、打赢洋官司的过程。

"遭遇反倾销,并不可怕。"据介绍,在 2002 年接到欧盟反倾销立案的消息时,由于不懂国外贸易法律规则,缺乏应诉资金、精力和时间,众多温州打火机企业一时陷入惊慌,不知如何应对。但在行业协会的组织下,很快统一了意见,并开始积极应对,最终取得胜利。

对于此次胜诉,周大虎说:"我们从中初步学会了 WTO 和国际贸易游戏规则。"他表示企业今后要成为应对反倾销的赢家,首先是按国际贸易规则办事,这样才能有应诉的资格,才能得到国际贸易法则的保护。

同时他建议,国内各行业最好建立行业预警机制,学会如何避免贸易摩擦,并能够在产生摩擦时集中全行业力量多方位地进行应对。

(案例来源:汕头 WTO 事务咨询服务网)

分析:(1) 外国对我国征收反倾销税的目的是什么?

(2) 我国企业应如何应对国外的反倾销措施和技术壁垒?

第八章　国际贸易协定和组织

一、本章概要

国际贸易协定和组织是国与国之间开展贸易的规约和机制，它对于促进各成员国的贸易和经济增长发挥着不可或缺的作用。

第一节阐述了国际贸易条约和协定的含义、结构内容与它的常见种类，指出了国际贸易条约和协定对国际贸易的意义。

第二节介绍了二战后为重建国际贸易新秩序而签署的关贸总协定，阐述了关贸总协定的签署过程、宗旨与基本原则，介绍了关贸总协定历次谈判的概况，分析了它的历史作用。

第三节介绍了世贸组织这一协调国际贸易的权威组织。阐述了世贸组织的产生背景和组织机构，介绍了世贸组织的发展及运转情况，分析了中国与世贸组织的关系及入世对我国的历史意义。

二、本章学习要求提示

（一）本章学习重点

1. 关贸总协定的基本原则。关贸总协定的基本原则指导了总协定各缔约方之间的多轮贸易谈判，规范了所有缔约方的国际贸易活动，至今仍然作为世界贸易组织原则的基石，并以此为依据，继续调整世贸组织各成员方的贸易关系。所以在学习时，必须理解这些原则的含义、适用范围以及它的个别例外，并将它们与中国的贸易实践活动结合起来认识其重要意义。

2. 中国与世贸组织的关系。学习时应理解中国入世的意义。从中国在世贸组织的权利与义务的关系中理解中国入世后的挑战与机遇，从中国入世短短几年的变化看中国入世的深远意义。

（二）本章学习要求

1. 识记国际贸易条约和协定、通商航海条约、贸易协定、支付协定、国际商品协定、关贸总协定和世贸组织等概念。

2. 领会国际贸易条约和协定的特点、关贸总协定和世贸组织的宗旨、关贸总协定的基本原则及例外条款的含义、世贸组织的特点等。

3. 分析关贸总协定的成果及作用、世贸组织对关贸总协定原则的发展、中国入世的权利与义务等。

三、同步练习

（一）名词解释

1. 贸易协定

2. 国际商品协定

3. 关税与贸易总协定

4. 非歧视待遇原则

5. 最惠国待遇

6. 世界贸易组织

（二）填空题

1. 国际贸易条约和协定根据缔约国的数量，可分为_____和_____。
2. 在国际贸易条约和协定中，通常适用的主要法律待遇条款是_____和_____。
3. 支付协定中规定的清算账户主要有两种：_____和_____。
4. 国际商品协定的主要对象是_____。
5. 战后，_____、_____和_____成为世界贸易金融领域的三大支柱。
6. 关贸总协定整个规则体系的基础是_____。
7. 在关贸总协定的主持下，共进行了_____多边贸易谈判。
8. 东京回合的谈判重点从_____转向_____的谈判上来。
9. 乌拉圭回合突破传统的货物贸易谈判格局，首次对与贸易有关的_____、与贸易有关的_____、_____进行谈判，并把长期未解决的_____贸易、_____贸易和纺织品贸易列入谈判。
10. 关贸总协定的公平交易原则主要是通过禁止_____和限制_____实现。
11. _____是总协定解决缔约国之间争端的重要原则。
12. 关贸总协定规定各缔约国只能通过_____来保护本国产品或市场。
13. 世贸组织的主要特点表现为其协定的_____、机构的_____、管辖内容的_____、权利与义务的_____、与有关国际经济组织决策的_____。
14. 世贸组织在继承了总协定基本原则的前提下，发展了_____、加强了_____、灵活处理了_____。

（三）判断改错题（先判断对错，错误的加以改正）

（ ）1. 关贸总协定与国际贸易同时产生。
　　　改正：_____
（ ）2. 关贸总协定是一个临时协定。
　　　改正：_____
（ ）3. 关贸总协定是联合国下属的一个机构。
　　　改正：_____
（ ）4. 关税保护原则就是指关贸总协定成员国可以用关税永久保护本国市场。
　　　改正：_____
（ ）5. 关税减让原则是关贸总协定最为重要的原则。
　　　改正：_____
（ ）6. 关贸总协定的例外条款可以使缔约国不受其基本原则管辖。

（　）7. 关贸总协定的历次谈判不仅降低了关税，也约束了非关税壁垒。
改正：_____

（　）8. 我国选择增加进口作为恢复关贸总协定缔约国地位的条件。
改正：_____

（　）9. 以发展中国家身份复关是我国在谈判中始终坚持的一个立场。
改正：_____

（　）10. 世界贸易组织是一个多边贸易组织。
改正：_____

（　）11. 世界贸易组织基本继承了关贸总协定的基本原则。
改正：_____

（　）12. 世界贸易组织只管辖国际货物贸易。
改正：_____

（　）13. 中国于1986年提出要求重新加入关贸总协定。
改正：_____

（　）14. 中国加入世贸组织的很大障碍是发达国家在谈判中要价太高。
改正：_____

（　）15. 中国正式加入世贸组织后必须遵守其规则。
改正：_____

（四）单选题

（　）1. 关贸总协定生效于_____。
A. 1946年2月　B. 1947年4月　C. 1947年10月　D. 1948年1月

（　）2. 关贸总协定是在_____的策动下成立的。
A. 美国　　　B. 英国　　　C. 法国　　　D. 日本

（　）3. 关贸总协定缔约国之间相互保证给予另一方的自然人、法人等在本国境内享有与本国自然人和法人等同等的待遇是符合_____。
A. 最惠国待遇　　　　B. 国民待遇
C. 普惠制待遇　　　　D. 特殊优惠待遇

（　）4. 总协定的最惠国待遇是_____。
A. 有条件的　B. 无条件的　C. 单边的　D. 双边的

（　）5. 总协定规定，缔约国原则上应取消_____。
A. 关税手段　B. 数量限制　C. 最惠国待遇　D. 国民待遇

（　）6. 为维护缔约国正当权益，缓和、解决缔约国之间的贸易矛盾和争端，总协定特别规定了_____。
A. 关税保护与减让原则　　　B. 取消数量限制原则
C. 磋商调解原则　　　　　　D. 禁止倾销原则

（　）7. 某国大量进口外国商品导致外汇入不敷出，因此要求限制进口，这符合_____。

A. 国际收支例外 B. 保障例外
C. 安全例外 D. 幼稚工业保护例外

( ) 8. 第一次将非关税壁垒列入关贸总协定谈判的是_____。
A. 日内瓦回合 B. 狄龙回合 C. 肯尼迪回合 D. 乌拉圭回合

( ) 9. 第一次将货物外的贸易及投资引入关贸总协定谈判的是_____。
A. 日内瓦回合 B. 狄龙回合 C. 肯尼迪回合 D. 乌拉圭回合

( ) 10. 关贸总协定第八轮多边贸易谈判的三大新议题是_____。
A. 反倾销、反补贴、反规避
B. 政府采购、反倾销、农产品贸易
C. 纺织品贸易、知识产权、反倾销
D. 服务贸易、知识产权、与贸易有关的投资

( ) 11. 总协定历史上谈判时间最长、参加国最多的是_____。
A. 东京回合 B. 狄龙回合 C. 乌拉圭回合 D. 肯尼迪回合

( ) 12. 二十世纪90年代初重提建立多边贸易组织的是_____。
A. 英国 B. 美国 C. 意大利 D. 加拿大

( ) 13. 世界贸易组织于_____正式运转。
A. 1990年初 B. 1994年4月 C. 1993年12月 D. 1995年1月

( ) 14. 世贸组织的最高权力和决策机构是_____。
A. 总理事会 B. 部长级会议 C. 秘书处 D. 总干事

( ) 15. 由于示威游行的干扰和成员方之间存在的重大分歧,导致世贸组织部长级会议失败的是_____。
A. 新加坡会议 B. 西雅图会议 C. 日内瓦会议 D. 卡塔尔会议

( ) 16. 中国正式加入世贸组织是在_____。
A. 1986年7月 B. 1995年7月 C. 1999年11月 D. 2001年12月

(五)连线题(用线将A、B两端相关选项连接起来)

A

1. 通商航海条约
2. 贸易议定书
3. 关贸总协定
4. 非歧视
5. 世贸组织
6. 最惠国待遇
7. 国民待遇

B

1. WTO
2. GATT
3. trade protocol
4. national treatment
5. treaty of commerce and navigation
6. most favored nation treatment
7. non-discrimination

(六)简答题

1. 什么是国际贸易条约和协定?它的特点是什么?

2. 关贸总协定的宗旨是什么？为实现这一宗旨它实行了哪些基本原则？

3. 关贸总协定的历次谈判取得了哪些成果？

4. 世贸组织的争端解决机制是怎样实现的？

5. 世贸组织在运行中还有什么问题有待解决？

6. 我国应怎样看待世贸组织规则？

（七）案例分析

委内瑞拉和巴西分别于 1995 年 1 月、1995 年 4 月起诉美国正在使用的进口石油政策对外国产品造成了歧视。经过长达一年的调查报告，世贸组织认为美国颁布的有关汽油标准违反了 WTO 的规定。美国对此提出异议。但世贸组织于 1996 年 5 月维持了专家小组的结论，认为美国实施的汽油标准构成了"不公正的歧视"和"对国际贸易的隐蔽限制"，并要求美国修改国内立法。美国表示接受 WTO 的有关裁决，在 1997 年 8 月给争端解决机构的报告称，新规则已于 8 月 19 日签署。

分析：这起案件的成功裁决说明了什么？

第九章　国际服务贸易

一、本章概要

随着现代科学技术的发展和各国产业结构的升级,服务业及服务贸易快速增长,并在国际贸易中扮演越来越重要的角色。

第一节概括性地介绍了国际服务贸易的概念、与国际货物贸易相比的特点、四种服务方式及其主要内容、从不同角度形成的不同分类等基本知识,使学生能够全面地了解有关国际服务贸易的基本知识。本节还阐述了世界服务贸易的发展轨迹,列举了国际服务贸易发展过程中的相关数据,分析了第二次世界大战之后国际服务贸易迅速发展的主要原因。

第二节从西方发达国家、发展中国家和地区以及俄罗斯和东欧地区三个不同的角度分析了国际服务贸易在世界不同地区间的分布情况,对各地区的服务贸易情况作了比较,并介绍了国际服务贸易在不同行业内的分布情况。

第三节介绍了有关《服务贸易总协定》的相关知识。《服务贸易总协定》是 WTO 第八轮乌拉圭回合谈判中的重要产物,本节详细介绍了该协定的产生背景。该协定包括序言和六大部分主要内容,本节对此作出相关的介绍,并在课后的知识扩充中补充了与服务贸易密切相关的概念,有助于学生对该协定的内容进一步的理解。本节还介绍了《服务贸易总协定》中规定的原则,并对重要的原则进行了阐述。本节最后介绍了《服务贸易总协定》的四个部门协议,扩充了学生的知识面。

第四节主要介绍了我国在服务贸易领域的相关情况。分析了我国服务贸易的现状,使学生了解我国在服务贸易领域的发展情况及其与发达国家的差距。本节最后部分分析了我国加入 WTO 之后,服务行业所面临的机遇和挑战。

二、本章学习要求提示

（一）本章学习重点

1. 国际服务贸易的基本概念、特点、主要内容和分类方法。
2. 国际服务贸易的发展和二战后迅速发展的原因;熟悉世界各地区国际服务贸易的格局和分布情况。
3.《服务贸易总协定》的相关内容以及我国服务贸易发展的现状与前景。

（二）本章学习要求

1. 识记国际服务贸易的概念;跨境支付、境外消费、商业存在和自然人流动的概念;最惠国待遇原则、国民待遇原则、透明度原则、发展中国家更多参与的原则、市场准入原则和逐步自由化原则的具体规定。
2. 领会国际服务贸易的特点;国际服务贸易的分类;国际服务贸易的格局和地区分布情况;《服务贸易总协定》的主要内容;《服务贸易总协定》的一般原则;中国服务贸易的现状。

3. 分析国际服务贸易迅速发展的原因；中国入世后服务贸易的前景。

三、同步练习

(一) 名词解释

1. 国际服务贸易

2. 跨境支付

3. 境外消费

4. 商业存在

5. 自然人流动

6. 最惠国待遇原则

7. 国民待遇原则

8. 透明度原则

9. 发展中国家更多参与的原则

10. 市场准入原则

11. 逐步自由化原则

（二）填空题

1. 国际服务贸易主要是通过_____、_____、_____和_____这四种形式提供服务。
2. 《服务贸易总协定》于_____谈判后正式签订。
3. 按照《服务贸易总协定》中的"服务部门参考清单"，服务贸易包括_____个大类。
4. 以生产为核心，可将国际服务贸易分为_____、_____和_____三类。
5. 按照国际服务贸易中生产要素的密集程度，可将国际服务贸易分为_____、_____和_____三类。
6. 第二次世界大战之前，国际服务贸易主要形式是_____。
7. 在跨国公司的全球性发展过程中，通常是集_____贸易与_____贸易于一身的。
8. 《服务贸易总协定》于_____年____月____日起生效。
9. 《服务贸易总协定》规定了_____和_____两类义务。
10. 俄罗斯的服务贸易出口中主要部分是_____。
11. 在_____会议上，《服务贸易多边框架协议草案》被正式更名为_____。

（三）判断改错题（先判断对错，错误的加以改正）

（　　）1. 服务的生产与消费过程是相互分离的。
　　　　改正：_____

（　　）2. 某外资银行来中国设立金融服务机构，这种服务被称为境外消费。
　　　　改正：_____

（　　）3. 国际服务贸易迅速发展的一个主要原因是第三次科技革命。

改正：_____

（　　）4. 法律、法规以及行政措施是政府为了限制国外的服务提供者、保护国内服务业而采取的一种保护手段。

改正：_____

（　　）5. 休息日的增加使整个生产停顿，影响了服务贸易的发展。

改正：_____

（　　）6. 发展中国家的服务贸易在整个国民经济中所占的比重最大。

改正：_____

（　　）7.《服务贸易总协定》是乌拉圭回合谈判的成果之一。

改正：_____

（　　）8. 国际服务贸易的定义是在乌拉圭回合谈判结束之后才被正式确定下来的。

改正：_____

（　　）9. 海关可以通过关税或配额来限制服务的进出口。

改正：_____

（　　）10. 非洲各国由于人口众多、资源贫乏，所以商品贸易的逆差大于服务贸易的逆差。

改正：_____

（　　）11. 部门协议《自然人流动服务协定》旨在使各成员就自然人跨国流动提高开放承诺的谈判。

改正：_____

（四）单选题

（　　）1.《服务贸易总协定》于_____正式签署。
　　　　A. 海牙　　　B. 纽约　　　C. 摩洛哥　　　D. 瑞典

（　　）2. A 国通过计算机网络向 B 国的用户提供收费音乐下载服务，此类服务属于国际服务贸易中的_____。
　　　　A. 跨境支付　　B. 境外消费　　C. 商业存在　　D. 自然人流动

（　　）3. 对于大多数发展中国家来说，现代服务项目目前仍处于_____。
　　　　A. 顺差　　　B. 逆差　　　C. 收支平衡　　　D. 无法统计

（　　）4.《服务贸易总协定》于_____正式生效。
　　　　A. 1986 年 9 月 15 日　　　　B. 1993 年 12 月 15 日
　　　　C. 1994 年 12 月 31 日　　　　D. 1995 年 1 月 1 日

（　　）5.《服务贸易总协定》中规定的_____原则是关贸总协定多边贸易体制的基础。
　　　　A. 最惠国待遇　B. 透明度　　C. 市场准入　　D. 逐步自由化

（　　）6. 在《服务贸易总协定》生效之日起不迟于_____年内，所有成员方应就旨在使服务贸易自由化逐步达到较高水平的问题进行多轮谈判。
　　　　A. 3　　　　B. 4　　　　C. 5　　　　D. 6

（　　）7. 发展中国家更多参与的原则规定，发达国家应在《服务贸易总协定》生效后的_____年内建立"联系点"。
A. 1　　　　　B. 2　　　　　C. 3　　　　　D. 4

(五) 多选题

(　　) 1. 以下哪些是《服务贸易总协定》的一般原则_____。
A. 国民待遇原则　　　　　　B. 会员国优先权原则
C. 市场准入原则　　　　　　D. 透明度原则

(　　) 2. 国际服务贸易在二战后迅速发展的原因是_____。
A. 跨国公司迅速发展　　　　B. 第三次科技革命的兴起
C. 传统制造业比重增加　　　D. 国际经济技术合作方式多样化

(　　) 3. 与国际货物贸易相比,国际服务贸易具有_____的特点。
A. 收支状况可以反映在国际收支平衡表中
B. 交易标的是无形的
C. 交易对象通常是在交易方之间流动的
D. 各国法律、法规难以约束

(　　) 4. 中国的服务贸易具有_____的特点。
A. 结构合理　　　　　　　　B. 发展速度快,但总体水平低
C. 地区发展不平衡　　　　　D. 法规健全,管理有效

(六) 连线题(用线将 A、B 两端相关选项连接起来)

A	B
1. 国际服务贸易	1. cross-border supply
2. 服务贸易总协定	2. movement of personnel
3. 跨境支付	3. international trade in service
4. 境外消费	4. general agreement on trade in services, GATS
5. 商业存在	5. commercial presence
6. 自然人流动	6. consumption abroad

(七) 简答题

1. 与国际货物贸易相比,国际服务贸易有哪些特点?

2. 《服务贸易总协定》的主要内容是什么?

3. 乌拉圭回合结束后,各国又达成了哪些主要的部门协议?

4. 《服务贸易总协定》实施最惠国待遇原则的目的是什么?

5. 《金融服务协议》的主要内容是什么?

6. 《基础电信协议》的签订具有哪些意义?

7. 第三次科技革命对国际服务贸易发展的推动力有哪些?

8. 《服务贸易总协定》的签署,会给我国的服务行业带来哪些好处?

（八）案例分析

1. 张先生在一家跨国公司的技术部门担任主管,工作中张先生经常需要通过互联网、通讯设备与海外的总公司联系,汇报工作并接受海外总公司的工作指导与管理。业余时间,张先生正在通过函授课程攻读英国某大学的项目管理硕士学位。利用黄金周的长假,张先生带着父母赴泰国旅游,从未走出国门的父母对此次旅游十分满意,并希望能去更多的地方开阔眼界。张先生认为,如今生活水平提高了,出国旅游变得十分简单,而且价格也比较便宜,以张先生的收入完全可以负担全家的海外旅游费用。所以他决定今后定期利用节假日带父母出国旅游,让老人的晚年生活更有质量,让他们的精神生活更丰富多彩。

分析:以上对张先生的工作、学习和生活的介绍,折射出世界各国对服务产生更多新需求的原因,请试着列举这些原因。

2. 中国农业银行是中国大陆地区服务范围最广、营业网点最多的四大商业银行之一,前身是 1951 年 8 月成立的中国农业合作银行。中国加入 WTO 后,金融业不可避免地要对外开放,中国银行业面临着在业务水平、技术手段、人才等方面的激烈竞争。对于这种考验,农业银行正在探索一条多元化经营和国际化发展并重的道路。

农业银行是中国较早开展基金托管业务的商业银行之一。1998 年 5 月 29 日,中国证监会和中国人民银行核准了农业银行的证券投资基金托管人资格。同年 6 月 9 日,经中国人民银行批准,农业银行设立证券投资基金托管部。1998 年 7 月 17 日,农业银行托管的第一支基金——裕阳证券投资基金成功发行。随后,农业银行又与博时、富国、大裕隆等多家基金管理公司陆续建立了良好的业务合作关系,托管了各基金管理公司管理的裕阳、裕隆、汉盛、景阳、景博等多个证券投资基金。"95599 在线银行"服务业务是农业银行在 2001 年开通的,包括注册账户信息、个人转账、借记卡内部转账、银证转账、外汇买卖、修改密码等服务内容。通过开展此业务,农业银行不仅方便了用户,也为今后业务的继续拓展奠定了基础。

此外,农业银行还与其他金融机构开展合作,以增强自己的竞争能力。2001 年 4 月,农业银行与美国友邦保险有限公司签署了全面业务合作协议,农业银行为友邦保险代理保险业务,友邦保险委托农业银行代理收取保险费及代理支付保险金。此次合作被业界认为是国际著名人寿保险公司与中国大型国有商业银行之间强强结合的典范。

1999 年 12 月,农业银行与美国花旗银行集团合作发行了国际旅行现金卡(又称 VTM 卡)。该卡可以在全球 53 万多台带有 VISA/PLUS 标志的 ATM 机上提取当地货币。作为旅行支票的替代产品,VTM 卡增加了许多优于旅行支票的特性,可多卡用于一个资金账户,享受全天候的即时服务和全球统一的优惠汇率。农业银行在中国国内首发 VTM 卡,开创了中国国际借记卡的新领域,特别是在人民币还未成为可自由兑换货币的情况下,此卡更适宜国内市场。此次与花旗银行集团合作,为农业银行产品走出国门创造了条件,不仅为中国顾客带来前所未有的新产品,也将提高农业银行的国际地位和声誉。

(案例来源:林珏主编的《国际贸易案例集》,2002 年,上海财经大学出版社)

分析:中国在入世后面对更为激烈的竞争时应该如何更好地发展服务行业?

第十章 国际技术贸易

一、本章概要

随着科学技术的发展以及对科学技术是生产力发展最重要因素的共识,世界各国纷纷加入技术贸易的行列,他们各自从中得到利益。因此,技术贸易在当今国际贸易中的地位日益重要。我们要认识国际贸易,就必须了解技术贸易。

第一节概括性地介绍了有关国际技术贸易的相关知识,包括国际技术贸易的含义和国际技术转让的含义,使学生初步了解和掌握国际技术贸易的基础知识。随后介绍了国际技术贸易与国际货物贸易相比所具有的特殊性,以及国际技术贸易的发展过程及其迅速发展的原因,帮助学生进一步了解国际技术贸易的相关知识。

第二节主要介绍了国际技术贸易的四种方式:许可证贸易、技术咨询、工程承包和合作生产,并详细介绍了这四种方式的含义和有关合同方面的知识。

第三节详细介绍了国际技术贸易的内容,主要包括专利的含义、种类、特点以及取得专利的条件;商标的含义与分类、商标的作用、商标权的相关知识;专有技术的含义、特点以及与专利的区别等知识。

第四节主要介绍了在乌拉圭回合中签订的《与贸易有关的知识产权协定》的相关内容,国际技术贸易与知识产权有着密不可分的关系,本节就《与贸易有关的知识产权协定》的目的、宗旨、基本原则和主要范围进行了详细阐述,有助于学生进一步了解与知识产权相关的知识。

第五节介绍了我国在技术贸易领域中的发展情况,对我国不同时期的技术贸易情况进行了较为详细的介绍,分为技术进口和技术出口两个方面,并介绍了目前技术进口和出口的主要特点,使学生熟悉并掌握我国在此方面的相关信息。

二、本章学习要求提示

(一) 本章学习重点

1. 国际技术贸易和国际技术转让的概念,国际技术贸易的特点。
2. 国际技术贸易的四种方式以及每种方式的含义和所包含的主要内容,国际技术贸易的发展过程以及在二战后迅速发展的原因。
3. 《与贸易有关的知识产权协定》的基本原则、所规定的范围及其主要内容,我国对外技术贸易的发展过程以及每个发展阶段的基本情况。

(二) 本章学习要求

1. 识记国际技术贸易、国际技术转让;许可证贸易、普通许可、排他许可、独占许可、技术咨询、工程承包、合作生产;专利、专利权、商标、商标权、专有技术。
2. 领会国际技术贸易的特点;许可贸易合同的种类、技术咨询与服务合同的种类、工程承包合同的种类;专利的种类、特点以及取得专利权的条件,商标的分类、作用,商标权的特点、内容以及取得商标权的原则,专有技术的特点及其与专利的区别;《与贸易有关的知识产权协定》的基本原则、范围;我国技术贸易的发展阶段。

3. 分析二战后国际技术贸易迅速发展的原因;我国技术进口和出口的基本情况。

三、同步练习

（一）名词解释

1. 国际技术贸易

2. 国际技术转让

3. 许可证贸易

4. 普通许可

5. 排他许可

6. 独占许可

7. 专利

8. 专利权

9. 商标

10. 商标权

11. 专有技术

(二) 填空题

1. 国际技术贸易有_____、_____、_____和_____这四种方式。
2. 国际技术贸易是一种出售或购买_____的国际贸易行为。
3. 国际技术转让分为_____和_____两种类型。
4. 国际技术贸易是_____和_____相分离的贸易。
5. 发达国家的资本和技术输出主要靠_____来实现。
6. 许可证贸易的标的物包括_____、_____和_____三个方面。
7. 根据使用技术的地域范围和使用权的大小,许可贸易合同可以分为_____、_____、_____和_____。
8. 技术咨询是一种_____服务。
9. 按承包人承担的责任不同,工程承包合同可以分为_____、_____、_____和_____。
10. 专利被分为_____、_____和_____三种。
11. 发明可以分为三类,即_____、_____和_____。
12. 专利权具有_____、_____和_____等特点。
13. 一项发明只有具备了_____、_____和_____等特点才能取得专利权。
14. 按照商标使用者的不同,可以将商标分为_____、_____、_____和_____。

(三) 判断改错题(先判断对错,错误的加以改正)

(　　) 1. 由于跨国公司的扩张,导致技术只能在公司内部流动,无法在国际间流动,阻碍了国际技术贸易的发展。

改正：＿＿＿＿＿＿＿＿＿＿＿＿＿＿＿＿＿＿＿＿＿＿＿＿＿＿＿＿＿＿＿

（　　）2. 排他许可的许可方可以将技术转让给第三方。

改正：＿＿＿＿＿＿＿＿＿＿＿＿＿＿＿＿＿＿＿＿＿＿＿＿＿＿＿＿＿＿＿

（　　）3. 同一内容的发明，专利权一般授予首先申请人，做出相同内容发明的其他人不可能再获得该专利权。

改正：＿＿＿＿＿＿＿＿＿＿＿＿＿＿＿＿＿＿＿＿＿＿＿＿＿＿＿＿＿＿＿

（　　）4. 商标只具备广告功能。

改正：＿＿＿＿＿＿＿＿＿＿＿＿＿＿＿＿＿＿＿＿＿＿＿＿＿＿＿＿＿＿＿

（　　）5. 由于专有技术是人类创造性思维活动的产物，具有非物质的属性，所以专有技术是无法传授给其他人的。

改正：＿＿＿＿＿＿＿＿＿＿＿＿＿＿＿＿＿＿＿＿＿＿＿＿＿＿＿＿＿＿＿

（　　）6. 两国政府之间以交换技术情报、进行技术考察等形式展开技术转让，这类技术转让是商业性的、有偿的转让。

改正：＿＿＿＿＿＿＿＿＿＿＿＿＿＿＿＿＿＿＿＿＿＿＿＿＿＿＿＿＿＿＿

（　　）7. 国际技术贸易的收支情况一般被列入国际收支平衡表中。

改正：＿＿＿＿＿＿＿＿＿＿＿＿＿＿＿＿＿＿＿＿＿＿＿＿＿＿＿＿＿＿＿

（　　）8. 许可合同一经双方签订，立即生效。

改正：＿＿＿＿＿＿＿＿＿＿＿＿＿＿＿＿＿＿＿＿＿＿＿＿＿＿＿＿＿＿＿

（　　）9. 一项得到专利的发明，只有在专利持有人的授权下，才能予以使用。

改正：＿＿＿＿＿＿＿＿＿＿＿＿＿＿＿＿＿＿＿＿＿＿＿＿＿＿＿＿＿＿＿

（　　）10. 实用新型专利保护的对象可以是人脑中的构思。

改正：＿＿＿＿＿＿＿＿＿＿＿＿＿＿＿＿＿＿＿＿＿＿＿＿＿＿＿＿＿＿＿

（　　）11. 注册商标的有效期满后，商标所有人可以对商标进行续展，但最多只能续展三次。

改正：＿＿＿＿＿＿＿＿＿＿＿＿＿＿＿＿＿＿＿＿＿＿＿＿＿＿＿＿＿＿＿

（　　）12. 商标所有人可以将商标授权给他人使用，但是不能将商标的所有权转让给他人。

改正：＿＿＿＿＿＿＿＿＿＿＿＿＿＿＿＿＿＿＿＿＿＿＿＿＿＿＿＿＿＿＿

（四）单选题

（　　）1. 以下哪一个不属于专利？
　　　　A. 发明　　　　B. 外观设计　　　　C. 版权　　　　D. 实用新型

（　　）2. 我国法律规定，许可贸易的有效期为＿＿＿＿＿＿＿。
　　　　A. 5 年　　　　B. 10 年　　　　C. 15 年　　　　D. 20 年

（　　）3. 将整个工程分为若干个项目，按承包项目计收咨询服务费用的合同称为＿＿＿＿＿＿＿。
　　　　A. 总包合同　　　　　　　　　　B. 项目合同
　　　　C. 计时合同　　　　　　　　　　D. 按工程费用的百分比计费合同

(　　) 4. 采用不同的许可方式,被许可方所付出的代价也不同,根据所付出的代价的从大到小,以下_____的排列是正确的。

    A. 独占许可＞普通许可＞排他许可

    B. 独占许可＞排他许可＞普通许可

    C. 普通许可＞独占许可＞排他许可

    D. 排他许可＞独占许可＞普通许可

(　　) 5. 各国对专利的保护期限都有限制,一般为_____。

    A. 1～5 年　　B. 5～10 年　　C. 10～15 年　　D. 15～20 年

(　　) 6. 我国专利法规定,发明专利、实用新型和外观设计的保护期限分别为_____。

    A. 20 年、5 年、5 年　　　　B. 20 年、5 年、10 年

    C. 10 年、5 年、15 年　　　　D. 10 年、10 年、5 年

(　　) 7. 一项外观设计是否能够取得专利权,主要评判依据是它是否具备_____的特点。

    A. 新颖性　　B. 创造性　　C. 实用性　　D. 普遍性

(　　) 8. 商标的最先使用人有权取得商标权,即使该商标已经被他人注册,最先使用该商标的人可以对已注册的商标提出异议,要求有关部门予以撤销,这属于商标权的_____。

    A. 授予先注册人商标权,又允许先使用人继续使用原则

    B. 无异议注册原则

    C. 注册在先原则

    D. 使用在先原则

(　　) 9. 版权和邻接权是_____的保护对象。

    A. 巴黎公约　　　　　　　　B. 伯尔尼公约

    C. 罗马公约　　　　　　　　D. 集成电路知识产权华盛顿公约

(五) 多选题

(　　) 1. 与国际货物贸易相比,国际技术贸易具有_____的特点。

    A. 政府干预程度相同　　　　B. 所有权的转变不同

    C. 价格确定方式相同　　　　D. 贸易的对象不同

(　　) 2. 国际技术贸易的主要方式有_____。

    A. 工程承包　　B. 许可证贸易　　C. 合作生产　　D. 技术咨询

(　　) 3. 与专利相比,专有技术具有以下_____的特点。

    A. 专有技术未申请专利也受法律保护

    B. 专有技术涉及的范围比专利广

    C. 专有技术必须通过书面说明来体现

    D. 专有技术是保密的,而专利是公开的

(六) 连线题(用线将A、B两端相关选项连接起来)

A	B
1. 国际技术贸易	1. trade-related aspects of intellectual property right, TRIPs
2. 专利	2. licensing
3. 商标	3. patent
4. 许可证贸易	4. international technology trade
5. 与贸易有关的知识产权制度	5. trade mark

(七) 简答题

1. 二战后国际技术贸易迅速发展表现在哪些方面?

2. 专有技术具有哪些特点?

3. 《与贸易有关的知识产权协定》的目标和宗旨是什么?

4. 最低保护原则的内容是什么?

5. 中华人民共和国成立后,我国的技术进口贸易经历了哪几个发展阶段?

6. 目前我国的技术引进方面具有哪些特点?

7. 从改革开放至今,我国在技术出口贸易方面具有哪些特点?

(八) 案例分析

上海家化是一家拥有近百年历史的名牌化妆品企业。"美加净"、"露美"是其最著名的两个商标。"美加净"曾一度家喻户晓,而"露美"也在化妆品行业中艳压群芳,处于无可争议的王牌地位。英国女王访华时带走的礼品就是"露美"化妆品。

1990年,上海家化与美国庄臣洗涤用品公司合资,成立了中美合资上海庄臣有限公司,"美加净"和"露美"这两个名牌商标归合资企业独家所有。根据合资协议,上海家化每年可以从合资企业中得到35万元人民币的"保底效益",而不管合资企业的经营状况如何。"美加净"和"露美"两个名牌商标当时并未作价。按协议规定,这两个商标将归合资企业独家占有30年,30年后如果中方要将这两个商标收回,至少要向合资企业交1000万元人民币的赎金。1991年该合资企业生效后,"美加净"和"露美"的形象在人们的记忆中渐渐淡化。

1992年6月,原上海家化厂的厂长,合资企业的中方总经理葛文耀退出合资企业,回到上海家化任总经理,他立志实现"美加净"和"露美"两个商标的回归,经多次协商,他终于同合资企业签订协议,1993年7月"露美"被赎回。当然,上海家化向合资企业支付了一笔相当可观的赎金。不过这时化妆品行业百花齐放,"露美"想要恢复到从前一枝独秀的地位已经是不可能的了。昔日的王者,被封藏了4年之后,要想再在激烈的市场竞争中占有一席之地,需要付出更多的艰辛努力。

分析:老字号品牌企业该如何利用国际技术贸易中的相关手段来维持并提高老字号商标的地位?

第十一章 中国对外贸易

一、本章概要

中国对外贸易的发展对国民经济发挥了重要的作用,有力地推动了我国现代化建设。国际竞争刺激了企业提高产品质量档次,增加花色品种,降低成本费用;先进技术设备的进口,加快了技术进步、产业升级,产生了相当可观的效益;短缺物质的进口缓解了"瓶颈"部门对经济发展的制约。总之,对外贸易给我国经济带来了巨大的生机和活力,成为我国国民经济持续较快发展的主要动因。

第一节主要介绍了中国发展对外贸易的理论依据、重要成果。

第二节介绍了"大经贸"战略的内容及实施措施,阐述了中国的进出口战略以及相关的政策与措施。

第三节介绍了中国在改革开放前的对外贸易体制,改革后的对外贸易体制以及"入世"后外贸体制的改革。

第四节介绍了中国对外贸易发展现状。

二、本章学习要求提示

(一) 本章学习重点

1. 马克思主义的国际分工理论、国际价值理论和社会再生产理论。通过学习这些理论可以理解中国发展对外贸易的理论依据,并且了解中国对外经贸理论发展有哪些重要成果。

2. "大经贸"战略、中国的进出口战略、中国对外贸易政策和措施、中国利用外资与对外直接投资的政策、中国技术贸易的政策与措施、中国对外工程承包与劳务合作的政策和措施。

3. 对外贸易体制是指对外贸易的组织形式、机构设置、管理权限、经营分工和利益分配等方面的制度。了解改革开放后对外贸易体制的初步改革,对外贸易体制的深化改革以及中国"入世"后外贸体制的改革。

4. 通过分析中国对外贸易形式、外贸排位及贸易伙伴的状况,了解中国对外贸易发展现状。

(二) 本章学习要求

1. 识记"大经贸"战略的含义、基本内容、重要措施;中国进出口战略的主要措施;对外贸易体制的含义。

2. 领会中国对外贸易政策和措施;领会改革开放前、改革开放后以及"入世"后外贸体制的改革。

3. 分析中国利用外资与对外直接投资的政策;中国技术贸易的政策与措施;中国对外工程承包与劳务合作的政策和措施;中国对外贸易体制改革以及中国对外贸易的现状。

三、同步练习

(一) 名词解释

1. "大经贸"战略

2. 对外贸易体制

3. 价值规律

4. 社会再生产理论

5. 以进养出

（二）填空题

1. 马克思主义基本原理和当代中国具体实际相结合的最新成果,就是建设_____理论,它是在新的历史条件下对_____的继承和发展。

2. 我国必须要利用一切有助于社会生产力发展的积极因素,包括_____,充分吸收资本主义所取得的_____和_____的全部成就,加速现代化建设。

3. 马克思的价值理论指出:价值规律是_____和_____的经济规律,只要存在_____和_____,价值规律就必然发挥作用。

4. 马克思的国际价值理论,是各国可以通过国际贸易取得_____,节约_____,增加_____,也就是取得_____的理论依据。

5. 我国是一个_____国家,是一个_____国家,_____的本质决定和要求我们必须更加自觉地运用_____国际价值理论,大力发展对外贸易,促进经济发展。

6. 对国外向我国提供工、农、林、渔、牧业等重要领域先进技术的,给予_____或_____企业所得税待遇。

7. 国外企业在中国境内_____,同时提供_____,可以按中国的有关_____规定享受多方面的优惠。

8. 1988年2月,国务院发出了_____,对加快和深化对外贸易体制改革作了具体部署。

9. 1993年11月14日,中国共产党十四届三中全会通过的_____中指出:"进一步改革对外经济贸易体制,建立适应国际经济通行规则的运行机制。"这为我国的对外贸易体制进一步深化改革确定了方向和最终目标。

（三）判断改错题（先判断对错,错误的加以改正）

（　）1. 中国出口战略的主要内容是"以质取胜"。
改正:_____

（　）2. 中国进口战略的主要内容是"积极引进先进技术和关键设备"。
改正:_____

（　）3. 中国对外贸易的基本政策是"出口大于进口"。
改正:_____

（　）4. 中国对外直接投资创办企业所遵循的原则是"平等互利,讲求实效"。
改正:_____

（　）5. 按现代企业制度改组国有外贸企业,发展一批国际化、实业化、集团化的综合贸易公司,多业为主,多种经营。
改正:_____

（　）6. 我国正在探索贸工、贸农、贸技、贸商相结合和外贸、外资、外经相结合的"大经贸"新路子。

（　　）7. 凡涉及对外贸易的全国性法规、政策,国务院授权信息部统一对外宣布。
改正：_____

(四) 单选题

（　　）1. 在我国社会主义市场经济中,企业间的竞争越来越激烈,企业的兼并和破产现象也越来越多。企业间的兼并和企业破产是_____。
①价值规律作用的结果　　　　②股份制改造的最佳途径
③市场失灵的具体表现　　　　④优化资源配置的客观要求
A. ①②　　　　B. ②③　　　　C. ③④　　　　D. ①④

（　　）2. _____年,国务院决定在经贸部系统开展外贸承包经营的试点,经贸部对所属外贸专业总公司实行出口承包经营责任制。
A. 1984　　　　B. 1985　　　　C. 1986　　　　D. 1987

（　　）3. _____起,国家实行新的外汇管理体制。
A. 1994 年 5 月 1 日　　　　B. 1994 年 1 月 1 日
C. 1994 年 12 月 1 日　　　　D. 1994 年 12 月 30 日

（　　）4. 改革开放前,中国对外贸易的特点是_____。
A. 高度集中
B. 以行政管理为主
C. 国家统负盈亏
D. 高度集中、以行政管理为主、国家统负盈亏

（　　）5. _____的汇率并轨是中国外经贸体制根本性改革的标志。
A. 1994 年　　　　B. 1998 年　　　　C. 2000 年　　　　D. 2002 年

（　　）6. 中国对外直接投资的扶持政策是"支持和鼓励确有实力的企业适度发展_____"。
A. 海外投资　　　B. 出口业务　　　C. 合资企业　　　D. 代理业务

（　　）7. 中国主要以_____手段对技术贸易进行宏观调控。
A. 法律　　　B. 法律、经济　　　C. 经济　　　D. 行政

（　　）8. 外贸公司赢利一律上缴财政部,亏损由财政部负责解决,流动资金由财政部统一核拨,称为_____。
A. 国家自负盈亏　　　　B. 公司自负盈亏
C. 国家统负盈亏　　　　D. 公司统负盈亏

(五) 多选题

（　　）1. 我国对外直接投资创办企业所遵循的原则是_____。
A. 平等互利　　　B. 讲求实效　　　C. 形式多样　　　D. 共同发展

（　　）2. 实施"大经贸"战略的重要措施是_____。
A. 转变观念　　　　B. 转变职能
C. 转变工作方式　　　　D. 提高人员素质

(　　) 3. 中国政府积极支持、引导企业在开展对外承包劳务的同时,发展多种形式的国外经济合作,走"一业为主、多种经营"的道路,朝＿＿＿＿的方向迈进。
　　　　A. 多元化　　　B. 实业化　　　C. 集团化　　　D. 国际化
(　　) 4. 我国按照＿＿＿＿市场经济原则,改革外贸行政管理体制。
　　　　A. 效益　　　　B. 公平　　　　C. 公开　　　　D. 竞争

(六) 简答题

1. 结合我国发展对外贸易的现状,谈一谈为什么要了解马克思关于国际交换可能使双方互利的原理。

2. 简述中国的"统制对外贸易"理论。

3. 简述中国对外经贸理论发展的重要成果。

4. 结合我国实际,阐述"大经贸"战略的基本内容。

5. 简述中国利用外资的主要政策。

6. 简述中国对外直接投资的主要政策。

7. 简述中国"入世"后外贸体制的改革。

8. 简述中欧经贸关系面临的主要问题以及中国应如何应对?

9. "深化外贸领域改革开放 实现贸易高质量发展",需要做好哪几方面的工作?

(八) 案例分析

长虹品牌创建于 1972 年。长虹品牌的拥有者——四川长虹电子集团的前身,是 1958 年创建的军工企业"国营四川无线电厂",是"一五"期间苏联在我国援建的 156 项重点工程之一,中国机载火控雷达生产基地,位于四川省绵阳市。1965 年,出于军工企业转向民品生产的战略转移需要,"国营四川无线电厂"更名为"国营长虹机器厂"。

1972 年,长虹厂率先在军工系统成功研制出第一台电视机。注册商标"长虹",长虹品牌由此创立。标志着一个封闭式的国营老军工企业,迈出了实施"军转民"战略成功的第一步。

长虹品牌的命名,是同长虹军品"宇虹牌"雷达相对应而产生的。长虹厂用"天上彩虹,人间长虹"的第一代广告语来传播自己的产品形象:"天上彩虹"意指"宇虹牌"雷达,"人间长虹"指"长虹牌"电视机。

历经多年的发展,长虹完成了由单一的军品生产到军民结合的战略转变,成为集电视、空调、冰箱、IT、通讯、网络、数码、芯片、能源、商用电子、电子产品等产业研发、生产、销售、服务为一体的多元化、综合型跨国企业集团,逐步成为全球具有竞争力和影响力的 3C 信息家电综合产品与服务提供商。企业的系列产品均统一在"长虹"主品牌下。

分析:(1) 长虹已具备哪些走向国际化的条件?
(2) 长虹实施国际化的理论依据是什么?
(3) 结合案例,试分析在经济全球化背景下,国有企业应如何迎战国际竞争?

图书在版编目(CIP)数据

国际贸易概论习题集/何民乐主编. —4 版. —上海:华东师范大学出版社,2020
 ISBN 978-7-5675-7324-6

Ⅰ.①国… Ⅱ.①何… Ⅲ.①国际贸易-习题集
Ⅳ.①F74-44

中国版本图书馆 CIP 数据核字(2020)第 033218 号

国际贸易概论
习题集(第四版)

主　　编　何民乐
责任编辑　陈文帆
项目编辑　陈文帆　孔　凡
审读编辑　郭　红
责任校对　李琳琳　时东明
装帧设计　庄玉侠

出版发行　华东师范大学出版社
社　　址　上海市中山北路3663号　邮编 200062
网　　址　www.ecnupress.com.cn
电　　话　021-60821666　行政传真 021-62572105
客服电话　021-62865537　门市(邮购)电话 021-62869887
地　　址　上海市中山北路3663号华东师范大学校内先锋路口
网　　店　http://hdsdcbs.tmall.com

印 刷 者　上海展强印刷有限公司
开　　本　787×1092　16开
印　　张　6
字　　数　138千字
版　　次　2020年11月第4版
印　　次　2020年11月第1次
书　　号　ISBN 978-7-5675-7324-6
定　　价　15.00元

出版人　王　焰

(如发现本版图书有印订质量问题,请寄回本社客服中心调换或电话021-62865537 联系)